Paris
1829

Goethe, Johann Wolfgnag von

Wilhelm Meister

Tome 3

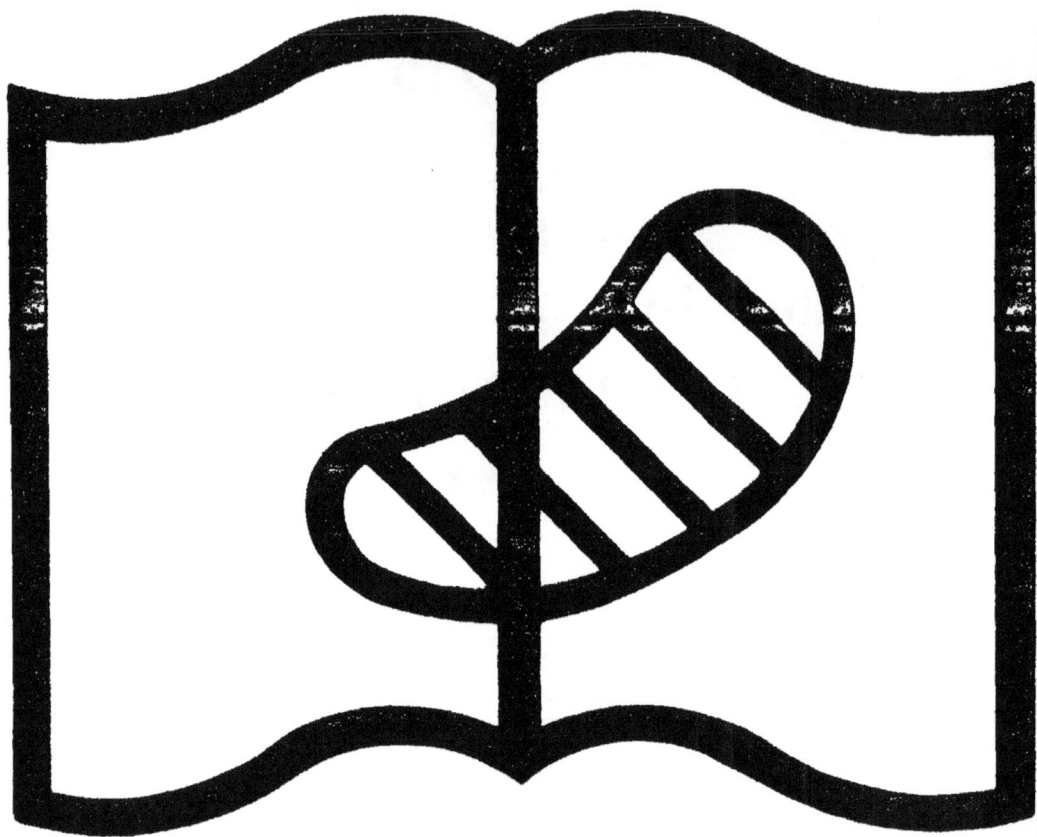

Symbole applicable
pour tout, ou partie
des documents microfilmés

Original illisible

NF Z 43-120-10

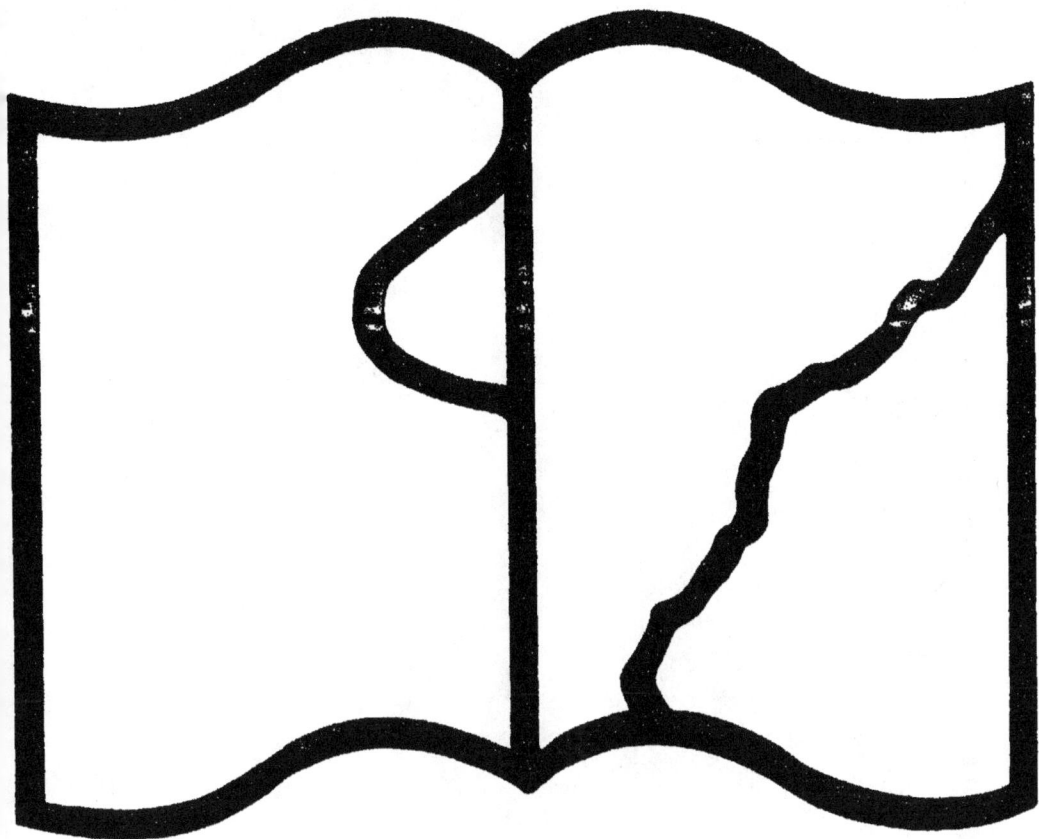

**Symbole applicable
pour tout, ou partie
des documents microfilmés**

Texte détérioré — reliure défectueuse

NF Z 43-120-11

Wilhelm Meister,

PAR GŒTHE,

traduit de l'allemand

Par Théodore Toussenel.

TOME TROISIÈME.

PARIS,

Jules LEFEBVRE et Cie, ÉDITEURS,
RUE DES GRANDS-AUGUSTINS, N° 18.

LECOINTE, PIGOREAU, CORBET aîné.

1829.

Wilhelm Meister.

IMPRIMERIE DE STAHL.
Quai des Augustins n° 9.

Wilhelm Meister,

PAR GŒTHE,

TRADUIT DE L'ALLEMAND

Par Théodore Toussenel.

TOME TROISIÈME.

PARIS,

Jules LEFEBVRE et Cⁱᵉ, ÉDITEURS,
RUE DES GRANDS-AUGUSTINS, Nº 18.
LECOINTE, PIGOREAU, CORBET AINÉ.

1829.

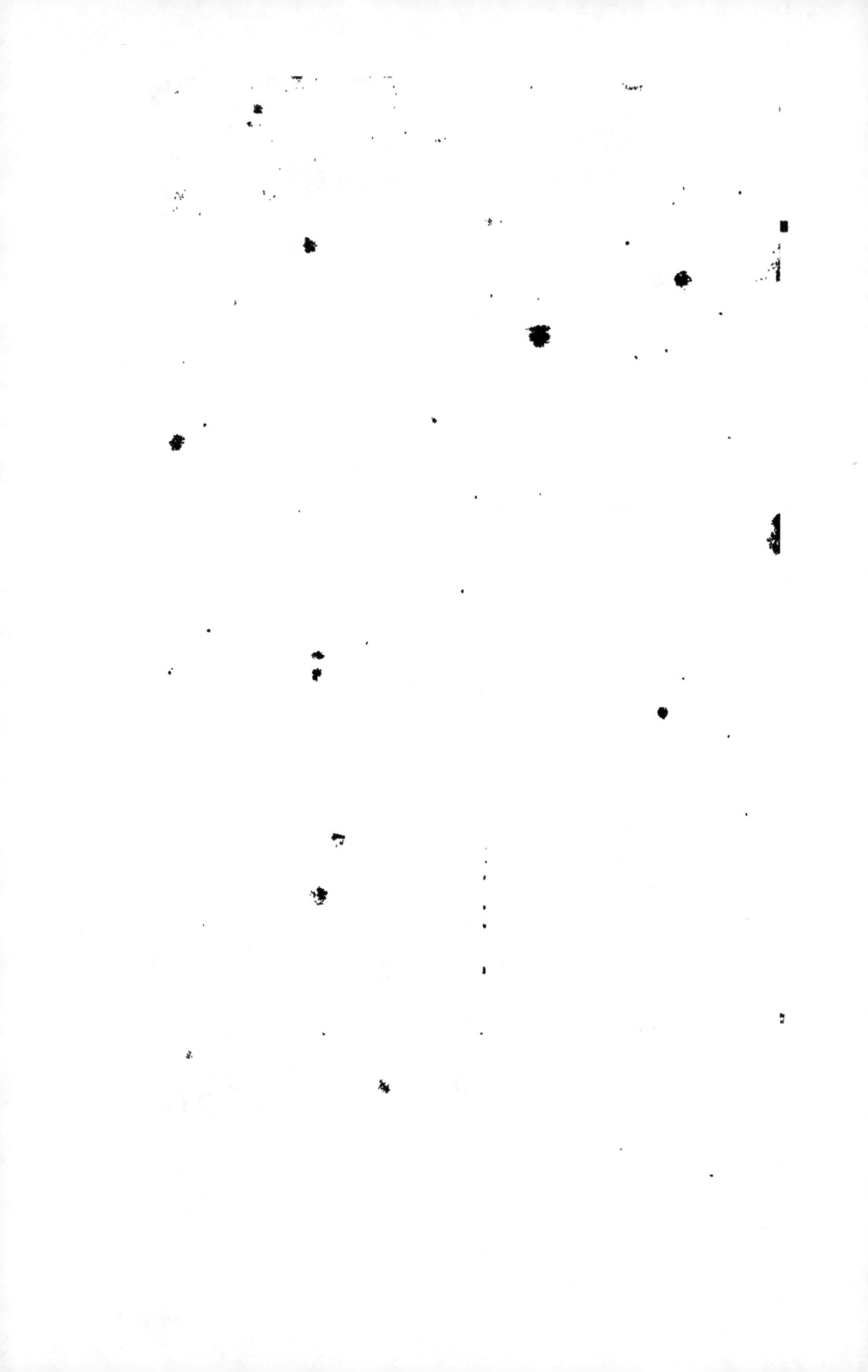

WILHELM MEISTER.

CHAPITRE PREMIER.

Wilhelm ne pouvait différer plus long-
temps sa visite aux correspondans de sa famille. Il craignait après tant d'aventures
chevaleresques, de paraître devant eux
comme un écolier qui se sent coupable; il
résolut donc de faire bonne contenance et
de cacher son embarras sous son effron-
terie.

Mais à la grande surprise, à la grande satisfaction de notre ami, tout se passa le
mieux du monde. Quand il ouvrit la lettre

de son père et celle de son ami Werner, il
les trouva toutes deux écrites d'un style fort
rassurant. Le vieux bon homme dans l'espérance de recevoir de son fils un journal
très-circonstancié, avec une table des matières, tel qu'il avait eu le soin de lui en
donner le plan à son départ, paraissait se
consoler du silence qu'il avait gardé jusqu'ici : seulement il désirait avoir la clef de
la lettre énigmatique, datée du château du
comte. Werner, jovial à sa manière, lui
racontait les anecdotes plaisantes de la ville
natale, et l'engageait à lui donner des nouvelles détaillées d'un grand nombre d'amis
et de correspondans qu'il avait dû voir
dans les grandes villes de commerce. Wilhelm ravi d'en être quitte à si bon marché,
répondit aussitôt par une lettre très-gaie,
et promit à son père un ample journal géo-
graphique, statistique et mercantile. Il avait
tant vu dans ses voyages qu'il espérait bien
pouvoir écrire un cahier d'une grosseur raisonnable. Wilhelm, sans s'en douter, se trouvait précisément dans le même cas que certain jour où voulant représenter un drame
qui n'avait jamais été écrit, ni appris par

cœur, il s'était dépêché d'appeler les spectateurs et d'allumer les chandelles. Il s'en
aperçut bientôt, dès qu'il mit la main à
l'œuvre : il pouvait à la vérité, raconter ses
impressions, ses idées, ce que son cœur et
son esprit avaient éprouvé : mais comment
dire un mot des objets extérieurs auxquels
il n'avait jamais accordé la moindre attention, comme il s'en apercevait trop tard.

Dans son embarras, il eut recours aux
connaissances de son ami Laerte. Celui-ci
ennemi de la solitude, fréquentait tous les
cafés, toutes les auberges, ou s'il restait
chez lui, les histoires de voyages étaient sa
lecture favorite, sa seule lecture. Ayant
trouvé dans la ville une grande bibliothèque, il pouvait contenter ses goûts, et déjà
la moitié du monde au moins roulait dans
sa tête.

Il lui fut donc facile de rendre le courage
à son ami, quand celui-ci vint lui confier
son dénûment absolu de matériaux pour
le journal solennellement promis. Nous allons, lui dit-il, faire un tour de maître qui
n'eut jamais son égal. L'Allemagne n'a-t-

elle pas été parcourue, traversée, croisée, remuée, fouillée dans tous les sens? Dis-moi seulement quelle route tu as prise avant de nous rencontrer : je sais le reste. Je me charge de trouver pour ton ouvrage, les originaux et les matériaux. Ne manquons pas de mesurer par lieues quarrées, les pays qu'on n'a jamais mesurés, d'évaluer la population qu'on n'a jamais comptée. Pour les revenus des pays nous consulterons les almanachs et les tableaux de l'administration qui sont, comme chacun sait, les documens les plus fidèles. Là dessus nous bâtissons nos raisonnemens politiques; nous jetons un coup-d'œil sur le gouvernement. Nous citons deux ou trois princes comme les vrais pères de la patrie, afin d'être crus, quand nous dirons du mal des autres : si nous ne passons pas précisément par la capitale d'une province fameuse, nous rencontrons dans une auberge des gens de cette ville-là, témoins fort absurdes, soit dit entre nous; pour conclure, nous nouons une intrigue charmante avec une jeune personne bien naïve; alors nous aurons fait un ouvrage qui non-seulement transportera d'admiration père et mère, mais que le libraire lui-même payerait au poids de l'or.

On prit la plume, et les deux amis poursuivirent l'entreprise avec ardeur : Wilhelm, pour se délasser, passait la soirée au spectacle ou dans l'agréable société d'Aurélie et de Jerlo; et ses idées, jusques-là bornées dans un cercle étroit, se développaient de jour en jour dans une sphère plus large.

CHAPITRE II.

PENDANT que les jours de Wilhelm s'écoulaient dans les plaisirs, Mélina et les siens n'en étaient que plus malheureux. Ils lui apparaissaient souvent comme de mauvais esprits; et non-seulement leur présence, mais encore leurs regards menaçans et leurs paroles amères, lui faisaient éprouver quelques instans de peine. Jerlo, sans rien dire à personne, avait résolu de profiter de leurs talens dans la révolution prochaine qui me-

naçait son théâtre. Il garda quelques temps
son secret, et rejeta toutes les intercessions
de Wilhelm en haussant les épaules; mais
les temps étant venus, il fit tout-à-coup à
son jeune ami cette proposition fort inattendue : s'il voulait monter lui-même sur le
théâtre, à cette condition seule, tous les
autres seraient engagés.

« Tous ces gens-là, répondit Wilhelm,
ne sont donc pas si dépourvus de talens
que vous le prétendez, puisque vous voulez les prendre tous à la fois; et je pense
que sans moi, leurs talens resteront les
mêmes. »

Alors Jerlo lui découvrit sa position sous
le sceau du secret : son premier amoureux
faisait mine de vouloir, au renouvellement
du contrat, une augmentation de paie, et
lui, Jerlo, n'entendait pas lui céder, d'autant plus que le public n'en était plus si
content. Mais s'il le laissait partir, tous ses
partisans le suivraient, et la troupe y per-
drait avec beaucoup de médriocrités sans
doute, quelques sujets distingués. Là dessus il fit comprendre à Wilhelm tout ce qu'il
espérait de lui, de Laerte, du vieux gron-

deur, et même de madame Mélina. Il s'engagerait même s'il le fallait, à garantir au pédant un brillant succès, comme juif, ministre ou scélérat.

Jerlo pour finir, lui fit part de quelques mots de ses propositions, pria Wilhelm de lui rendre au plus tôt réponse décisive, et le laissa dans une cruelle agitation.

» Te voilà donc encore une fois, se dit-il à lui-même, près du chemin fourchu, entre les deux femmes qui t'apparurent dans ta jeunesse. L'une ne parait plus si rebutante qu'autrefois, et l'autre n'est plus si brillante.

» Tu te sens dans l'ame autant de vocation pour suivre l'une que pour suivre l'autre, et des deux côtés les considérations extérieures sont également fortes; il te semble impossible de prononcer, et tu voudrais qu'un motif indépendant de toi-même vint tout-à-coup faire pencher la balance. Pourtant si tu t'examines, les circonstances extérieures pourraient seules t'inspirer du goût pour le commerce, le négoce et la richesse : mais c'est un besoin de l'ame qui produit et nourrit en toi ce vague désir

d'exercer et de développer les facultés mo-
rales ou physiques que tu reçus de la nature
pour ce qui est bon et beau. Ne dois-je pas
respecter les volontés du destin qui sans le
concours de ma volonté, me conduit au but
de toutes mes espérances? Tout ce qui fut
autrefois l'objet de mes pensées et de mes
résolutions, n'est-il pas aujourd'hui réa-
lisé, sans que j'y aie coopéré ! Chose bizarre ! L'homme semble n'avoir pleine confiance que dans les vœux et dans les désirs
qu'il à long-temps gardés et nourris dans
son cœur; et pourtant que l'objet de ses désirs s'offre à lui, se jette pour ainsi dire dans
ses bras, il ne reconnait plus ce qu'il a de-
mandé, il recule. Tout ce que j'ai rêvé dans
cette nuit funeste qui me sépara de Marianne, se réalise, et s'offre à moi. Je voulais fuir dans cette ville, et j'y suis comme
par hasard; je voulais chercher un engagement près de Jerlo, il me recherche lui-
même, et me fait des propositions qu'un
débutant comme moi ne pouvait espérer.
Etait-ce l'amour de Marianne qui m'attachait au théâtre, ou la passion du théâtre
qui m'attachait à cette pauvre fille? Ces

projets, cet abandon de la maison paternelle pour le théâtre, était-ce le caprice
d'un homme inquiet et désordonné qui
veut fuir une vie que les devoirs de la société lui rendent insupportable, ou bien
mes motifs étaient-ils plus purs et plus nobles? Qui pourrait alors te décider à changer
de sentiment? Jusqu'à ce jour n'as-tu pas
à ton insu suivi ton premier plan, et ne
dois-tu pas consentir à faire le dernier pas,
quand tu peux par cette démarche accom-
plir une promesse solennelle, et t'acquitter
noblement d'une dette pesante? »

Une foule d'idées s'élevaient dans son
ame, dans son imagination, se combat-
taient et se détruisaient tour à tour: Il pourrait garder sa chère Mignon; il ne serait
pas forcé de congédier le joueur de harpe.
Cette dernière considération fut d'un grand
poids dans la balance, qui cependant ne
penchait encore ni d'un côté ni de l'autre,
quand il se rendit chez Aurélie, à l'heure
accoutumée.

CHAPITRE III.

Il la trouva couchée sur son lit de repos.
« Croyez-vous pouvoir encore jouer demain? » lui demanda-t-il. « Oh! oui, répondit-elle vivement ; vous savez que rien
ne m'en empêche. Si seulement je savais
un moyen d'éloigner de moi la bienveillance du parterre! Ils me veulent du bien,
et ils me tueront. Avant-hier j'ai cru que
mon cœur allait se briser. Je souffrirais ces
applaudissemens, si j'étais contente de moi-
même : si j'avais long-temps étudié et préparé mon rôle, alors je serais fière d'entendre retentir dans tous les coins de la
salle ces mots si flatteurs : C'est parfait!
Mais maintenant je ne dis rien comme je
voudrais, je suis déchirée, je me trouble,
et mon jeu produit une impression plus
profonde. Les applaudissemens redoublent,
et je me dis : Si vous saviez ce qui vous
transporte! Ces accents tour à tour vagues,

étouffés ou violens, vous touchent, vous arrachent des cris d'admiration, et vous ne sentez pas que la douleur seule arrache ces accens à l'infortunée pour qui vous avez tant de bienveillance.

« Aujourd'hui j'ai de bonne heure appris, essayé, répété mon rôle. Je suis fatiguée, brisée ; et demain nouvelle fatigue. Demain soir il faut jouer ; je me traîne çà et là : me lever m'ennuie, me coucher me fatigue encore plus. Je tourne sans cesse dans un cercle de douleurs. Tantôt je me fais de tristes consolations, tantôt je les rejette, je les maudis, je ne veux point céder, céder à la nécessité. Pourquoi le malheur qui m'abat serait-il nécessaire ? Ne pouvait-il en être autrement ? Pour comble d'infortune je suis Allemande, et c'est le caractère des Allemands d'être en toutes choses fatiguans et fatigués. »

« O mon amie, lui dit Wilhelm en l'interrompant, ne cesserez-vous point d'aiguiser vous même le poignard dont vous vous percez sans relâche ! Ne vous reste-t-il rien ? Votre jeunesse, votre beauté, votre santé, vos talens, n'est-ce rien ? Parce que vous

avez perdu, sans votre faute, ce qui fut
votre bonheur, faut-il renoncer au reste?
Est-ce aussi chose nécessaire? »

Après un moment de silence, elle répondit : « Je sais bien que le temps qu'on
donne à l'amour est perdu, perdu sans retour. Que de choses utiles j'aurais pu, j'aurais dû faire ! Et maintenant plus rien !
Malheureuse créature, j'aime, je ne sais
qu'aimer. Ayez pitié de moi, grand Dieu !
je suis une malheureuse. »

Elle laissa retomber sa tête sur son sein,
puis s'écria tout-à-coup : « Vous êtes habitués à voir toutes les femmes se jeter à votre cou, et ni vous ni les autres ne pouvez
sentir le prix d'une femme qui sait se respecter. Par les anges du paradis, par toutes
les félicités dont une ame innocente et pure
peut se figurer l'image, rien n'est plus di-
vin qu'une femme qui se donne à l'amant
qu'elle adore.

» Aussi long-temps que nous méritons le
nom de femmes, nous sommes froides, or-
gueilleuses, hautaines, sages, et toutes ces
qualités nous les déposons à vos pieds dès
que nous aimons et que nous avons conçu

l'espoir d'un tendre retour. Oh! comment ai-je pu, de gaîté de cœur, sacrifier ainsi toute mon existence? Mais je veux m'abandonner au désespoir, je le veux : qu'il n'y ait pas une seule goutte de sang dans mes veines qui ne soit punie, pas une seule fibre qui ne souffre, je le veux. Riez donc, riez de l'expression théâtrale de ma douleur. »

Wilhelm était loin d'en éprouver l'envie : l'horrible état de son amie, sa douleur, ou naturelle ou forcée, lui faisait trop de peine. Il souffrait tous les tourmens de l'infortunée, sa tête était bouleversée, et son sang agité d'une fièvre ardente.

Elle était levée et se promenait dans la chambre. « Je trouve, dit-elle, mille raisons de ne pas l'aimer ; je sais qu'il n'en est pas digne. Je distrais mon âme, je l'occupe çà et là de l'objet qui s'offre à ma vue : je prends un rôle que je ne dois pas jouer, je reprends les anciens que je connais d'un bout à l'autre, je les passe et repasse..... Mon ami, mon confident, c'est un horrible travail que de s'arracher violemment à soi-même. Mon esprit en souffre, ma tête est brûlante : pour me sauver de la folie, je m'abandonne à ma

passion. Je l'aime : oui, je l'aime, je l'aime!
s'écria-t-elle avec un torrent de larmes, je
l'aime, et c'est en l'aimant que je veux
mourir. »

Wilhelm lui prit la main, et la supplia
de s'épargner elle-même. « Bizarre destinée ! dit-il ; non-seulement l'impossible,
mais le possible lui-même est souvent re-
fusé à l'homme. Vous n'étiez pas destinée à
trouver un cœur fidèle qui vous rendît
heureuse : et moi, ma destinée fut d'atta-
cher tout le bonheur de ma vie à l'infortunée que l'excès de mon amour abattit comme
un faible roseau, et brisa peut-être. »

Il avait confié à son ami son histoire avec
Marianne, et cette allusion fut comprise.
Elle l'observa attentivement et reprit en ces
termes : « Pouvez-vous jurer que vous n'a-
vez pas encore trompé de femmes, que jamais
par une galanterie frivole, par de perfides
sermens, par de séduisantes protestations
vous n'avez essayé d'obtenir leurs plus
douces faveurs ? »

« Je le puis, répondit Wilhelm, et sans
vanité : ma vie est si simple que je fus rarement tenté d'induire une femme en tenta-

tion. Et quelle leçon pour moi, ma bonne,
ma généreuse amie, que l'état où je vous
vois ! Recevez un serment que me dicte
mon cœur, et que le tendre intérêt que
vous m'avez inspiré met sur mes lèvres, un
serment sanctifié par ce moment solennel :
je veux résister à toute inclination passagère ; je renfermerai dans mon cœur même
la passion véritable, et jamais une femme
n'entendra de mes lèvres le nom d'amour,
si je ne puis lui consacrer toute mon existence. »

Aurélie fixa de nouveau ses regards sur
lui avec une farouche indifférence, il lui
tendit la main, mais elle recula de quelques pas. « Qu'importe, dit-elle, que les
femmes pleurent plus ou moins ; leurs
larmes n'iront pas grossir la mer. Cependant, une de sauvée sur mille, c'est quelque chose ; parmi tant de milliers un honnête homme découvert, il ne faut pas le
refuser. Savez-vous ce que vous pro-
mettez ? »

« Je le sais, répondit Wilhelm en riant,
et il lui tendit la main. »

« J'accepte, reprit-elle, » en faisant un

mouvement de la main droite comme pour
saisir la sienne ; mais au même instant elle
fouille dans sa poche, et tire un poignard
avec la rapidité de l'éclair, et lui fait une
incision sur le poignet avec la pointe et le
tranchant. Wilhelm retira sa main, mais
trop tard, le sang coulait déjà.

« Il faut bien vous marquer, vous autres
hommes, pour vous reconnaître, dit-elle
avec une joie sauvage, qui fit bientôt place
à la plus tendre sollicitude. » Elle prit son
mouchoir et en enveloppa la main de Wilhelm pour arrêter le sang. « Pardonnez à
une insensée, dit-elle, et ne regrettez point
ces gouttes de sang que j'ai fait couler. Je
suis calmée, je reviens à moi. C'est à genoux que je vous demande la grâce de vous
soigner. »

Elle courut chercher à son armoire quelques morceaux de linge, étancha le sang et
examina la blessure avec soin. Elle le pansa
sans dire un mot, sans sortir de sa gravité
muette et solennelle. « Cruelle, lui dit Wilhelm, comment pouvez-vous blesser votre
ami ? »

« Silence ! répondit-elle, en posant son doigt sur sa bouche ; silence ! »

CHAPITRE IV.

Wilhelm, dont les deux plaies étaient mal fermées, souffrait d'une troisième blessure non moins douloureuse que les autres. Aurélie ne voulait point souffrir qu'il se servit d'un chirurgien, elle le pensait elle-même, accompagnant son opération de paroles bizarres, d'un langage cérémonial et sententieux qui mettait le patient à la torture. Il n'était pas le seul, tous ceux qui l'entouraient souffraient comme lui de l'humeur inquiète et bizarre d'Aurélie, mais personne plus que le pauvre Félix. Le petit étourdi s'impatientait d'une pareille brusquerie, et devenait plus désobéissant, à force d'être repris et corrigé.

Il se permettait certaines libertés qu'on a coutume d'appeler *mauvaises habitudes*, et qu'Aurélie n'entendait pas souffrir. Il buvait, par exemple, à la Bouteille plus volontiers que dans son verre, et préférait ce qu'il prenait dans le plat à ce qu'on lui servait sur son assiette.

Sa vieille bonne était si malade depuis qu'on avait été forcé de la transporter de la maison dans un quatier plus paisible, et Félix se serait trouvé seul, si Mignon n'eut apparu comme un génie tutélaire.

Quelle gentillesse dans leurs jeux! Elle lui apprenait de petites chansons, et Félix, qui avait bonne mémoire, les récitait souvent à l'admiration de ses auditeurs. Elle voulait aussi lui faire comprendre les cartes de géographie qui l'occupaient toujours beaucoup; mais elle n'employait pas une excellente méthode. Un seul point l'intéressait dans chaque pays : était-il froid ou chaud? Elle expliquait assez bien les pôles, leur froidure glaciale, et comment la chaleur augmente à mesure qu'on s'en éloigne. S'il se présentait quelque voyageur, elle demandait aussitôt s'il allait vers le Nord ou vers le Sud, et cherchait son chemin sur la carte. Mais si Wilhelm venait à parler de voyage, c'est alors surtout que son attention redoublait; triste et pensive si l'on changeait de conversation.

Jerlo, qui avait l'habitude de découvrir le talent dans son germe, encouragea Mignon; elle lui plaisait surtout par la grâce, la variété, souvent la gaîté même de ses chants, et le joueur de harpe avait au même titre mérité ses bonnes grâces. Il avait régulièrement un concert par semaine, et l'arrivée de Mignon, du vieillard et de Laerte, assez habile sur le violon lui composait un orchestre encore peu nombreux, mais d'un ensemble admirable.

Il avait coutume de dire : le trivial a tant de rapport avec le penchant des hommes; la beauté, la perfection perdent si tôt leurs droits sur leur ame et leurs sens émoussés, qu'ils devraient conserver, par tous les moyens, la précieuse faculté de les sentir. Qui pourrait n'avoir plus besoin de pareilles impressions? c'est la rareté des nobles jouissances, qui fait que tant d'hommes se plaisent à la sottise et au mauvais goût, revêtus d'une forme nouvelle. On devrait tous les jours entendre un joli chant, lire un bon poëme, voir un beau tableau, et s'il était possible, dire quelques mots raisonnables.

Avec de pareilles pensées, si naturelles à Jerlo, les personnes qui l'entouraient ne pouvaient manquer de divertissemens agréables. Un soir, au milieu de ses plaisirs, on remit à Wilhelm une lettre couverte d'un cachet noir. Quelle triste nouvelle lui présageait cette sinistre empreinte! quelle fut sa douleur! Werner lui annonçait en peu de mots la mort de son père : il était mort au bout de quelques jours de maladie, laissant toutes ses affaires dans un ordre parfait.

Cette nouvelle inattendue affligea vivement Wilhelm : une seule idée pouvait adoucir le chagrin que lui causait cette mort prématurée. « Le brave homme, se disait-il, aimait peu dans ce monde, et jouissait peu de la vie. »

Wilhelm se voyait maintenant libre au dehors, mais esclave au-dedans de lui-même. Ses pensées étaient nobles, ses vues élevées, et l'on ne pouvait condamner ses projets : il se rendait cette justice avec assez de confiance, mais il avait eu plusieurs fois

l'occasion de remarquer qu'il manquait
d'expérience, et quand les autres parlaient
de leur expérience si féconde en beaux résultats, Wilhelm s'inclinait avec respect, et
se trompait encore davantage. Pour gagner tout ce qui lui manquait, il imagina
de recueillir et de graver dans sa mémoire
tout ce qui lui paraîtrait remarquable dans
les livres ou dans les entretiens. Il se mit
donc à écrire les idées d'autrui et les siennes,
quelquefois des conversations tout entières,
faisant à la fois provision d'erreurs et de
vérités, se soumettant trop souvent et trop
long-temps comme un esclave à telle pensée, à telle sentence, et cessant en un mot
de voir et d'agir selon sa nature, pour suivre les lumières d'autrui comme autant d'é-
toiles polaires.

L'âpreté d'Aurélie et la froide misanthropie de Laerte égaraient encore son juge-
ment : mais nul homme n'avait été plus
dangereux pour lui que le raisonneur Jarno,
dont l'esprit clairvoyant portait un juge-
ment sain sur les choses présentes, et qui
avait le défaut de débiter ses observations
de détail en forme de maximes générales,

oubliant que les jugemens de la raison peuvent être rigoureusement vrais dans le cas particulier auquel on les applique, et se trouver faux dans le cas suivant.

Ainsi Wilhelm, en voulant se mettre d'accord avec lui-même, s'éloignait toujours de cet heureux accord de pensées si nécessaire à l'homme, et le désordre même était favorable à ses passions, qui seules profitaient aisément de ces vagues efforts de sagesse, et lui permettaient moins que jamais de comprendre ce qu'il avait à faire.

Jerlo tira parti de la fatale nouvelle, et il avait en effet besoin de songer à réorganiser son théâtre. Sans presser directement Wilhelm, il fit agir Aurélie et Philine; et les autres sociétaires, impatients d'être engagés, ne laissèrent plus de repos à Wilhelm, qui se trouvait encore une fois entre deux chemins, assez embarassé du choix. Eut-on pensé qu'une lettre de Werner, écrite dans une intention bien différente, le déciderait à monter sur le théâtre? Nous donnerons quelques extraits de cette lettre.

CHAPITRE V.

« Ainsi va le monde ! Il faut que dans chaque occasion chacun fasse son métier et travaille à sa manière. Il y avait à peine un quart d'heure que le bon vieillard nous avait quittés, que déjà dans sa maison rien n'allait plus d'après ses principes. Amis, parens, alliés se pressaient, et surtout ces espèces d'hommes, qui ont toujours à gagner en pareilles occasions. Il fallait les voir porter, emmener, compter, écrire, calculer ; les uns allaient au vin et à la cuisine, les autres buvaient et mangeaient, mais je n'ai vu personne aussi occupé que les femmes, qui préparaient leur deuil.

Tu me pardonneras donc, mon cher ami ! d'avoir en cette occasion songé comme les autres à mes intérêts ; je me fis le consolateur empressé et officieux de ta sœur, et dès que les convenances le permirent, je lui fis comprendre que désormais nous de-

vions songer à conclure au plus vîte une
alliance, que nos pères avaient retardée
par leurs lenteurs minutieuses.

J'espère que tu n'as point hérité des
goûts inutiles de ton père et de ton grand-
père. Celui-ci mettait le suprême bonheur
à posséder un certain nombre de monu-
mens des beaux arts, et je puis bien dire
que personne ne jouissait de son bonheur
avec lui. Celui-là vivait dans une magnifi-
cence, qu'il ne voulait partager avec personne. Nous allons tout changer, et je
compte sur ton assentiment.

Plus de superflu chez nous. Plus de
meubles, de vaisselle, de carosses et de chevaux. Rien que l'argent; on pourra chaque
jour satisfaire ses goûts, mais avec modération : point de garde-robe.; on portera sur
soi, ce qu'il y aura de plus neuf et de meilleur; l'homme doit quitter son habit et la
femme revendre sa robe, dès qu'ils ne sont
plus à la mode. Rien ne m'est plus insupportable que ces friperies appelées garde-
robe. Si l'on voulait me faire cadeau du
plus beau diamant à condition que je le
porterais tous les jours, je ne l'accepterais

point : comment en effet porter avec plaisir un capital mort ? Voilà donc à moi bon vivant, ma profession de foi : on fait ses affaires, on gagne de l'argent, on se donne du bon temps avec les siens, et l'on ne s'inquiète pas du monde, à moins qu'il ne s'agisse du commerce.

Dis - moi donc, comment en quelques semaines, tu as pu devenir habile connaisseur de tout ce que le monde offre d'utile et d'intéressant. Je te croyais sans doute beaucoup de talens, mais je ne t'aurais jamais cru si bon et si fidèle observateur. Ton journal nous prouve avec quel profit tu voyages. Ta description des forges de fer et de cuivre est parfaite, et suppose de profondes connaissances sur la matière. J'ai vu tout cela dans mon temps ; mais ma relation, comparée à la tienne, est pitoyable. Toute la lettre sur la laine est fort instructive, et tes aperçus sur la concurrence sont fort judicieux. Tu as bien fait quelques fautes dans les additions, mais je te le pardonne.

Mais ce qui me cause le plus de joie, ainsi qu'à mon père, c'est la manière dont tu raisonnes de l'économie domestique et

de l'amélioration des terres. Nous avons l'espoir d'acheter une belle propriété dans un
pays très-fertile. Nous comptons sur toi; et
puisque tu t'entends si bien à faire valoir le
terrain, il est à croire que dans quelques
années, le prix de la propriété aura monté
d'un tiers, pour ne pas dire plus. On la revend, on en cherche une autre qu'on amé-
liore et qu'on revend encore, et tout cela
par ton génie. Cependant nos plumes ne
resteront pas oisives à la maison, et je veux
avant avant peu que toute la ville envie notre fortune.

Adieu, jouis de la vie en voyageant, et
vas partout où tu trouveras plaisir et profit. Dans les premiers six mois, nous n'a-
vons pas besoin de toi; tu peux donc par-
courir le monde à ton aise, les voyages sont
la meilleure éducation d'un homme sensé.
Adieu, je me réjouis de voir, qu'unis à tant
de titres, nous le soyons encore par le goût
du travail. »

Cette lettre fort bien écrite et remplie de
vérités économiques, eut le malheur de dé-
plaire à Wilhelm. L'éloge que faisait Werner de ses connaissances statistiques, tech-

nologiques et rurales, n'était qu'un reproche pour la conscience de son ami. L'image
idéale du bonheur de la vie bourgeoise n'a-
vait pour lui aucun attrait, et même, par
esprit de contradiction, il se jeta brusquement d'un autre côté. Il se persuada que le
théâtre seul pouvait achever l'éducation à
laquelle il aspirait ; et Werner, en combat-
tant si vivement, sans le savoir, les résolutions de Wilhelm, ne fit que les affermir.
Voici quelques passages de sa réponse :

CHAPITRE VI.

« Ta lettre est fort bien écrite, fort sage-
ment pensée, c'est la perfection. Mais tu
voudras bien me pardonner, si je te dis
qu'on pourrait penser, soutenir, faire le
contraire, et cependant avoir raison. Tu
n'as qu'une manière de voir et de penser :
faire fortune, et jouir gaîment de sa richesse, je n'ai pas besoin de te dire que ce
bonheur n'a rien qui me tente.

» Je t'avouerai d'abord que mon journal, ouvrage de nécessité, fait pour plaire à mon père, est un extrait de plusieurs livres : je n'entends rien du tout aux matières dont il traite, comme à beaucoup d'autres du même genre, et je n'ai pas envie d'y rien comprendre. Que m'importe à moi qu'on fabrique du bon fer, quand tout mon être est plein d'alliage ? Il s'agit bien de mettre l'ordre dans une propriété, quand je suis moi-même en désordre.

» Pour te le dire en un mot, mon éducation, telle que je l'entreprends aujourd'hui, fut, dès mon enfance, l'objet de mes vagues désirs. J'ai toujours le même but, mais je connais un peu mieux les moyens d'y parvenir.

» Si j'étais gentilhomme, ce mot trancherait la question; mais je ne suis qu'un bourgeois, et je dois choisir mon chemin : j'espère que tu vas me comprendre. Je ne connais point les autres pays, mais je sais qu'en Allemagne une éducation complète et personnelle est le privilége des gentilshommes. Un bourgeois peut avoir beaucoup de mérite et former son esprit aux plus grandes choses; sa personne n'existe pas, malgré toute sa dignité. C'est un devoir pour le gentilhomme qui vit avec les grands de se donner de la grandeur et de l'élégance, mais cette élégance pour un personnage à qui l'on ne ferme pas les portes, devient chose libre et facile : sachant qu'il doit payer de sa personne et de sa figure à la cour ou dans les camps, il a raison d'en faire grand cas, et de montrer qu'il s'estime. Une certaine grâce imposante dans les choses ordinaires, une légère élégance dans les affaires graves et importantes, lui vont à merveille, et prouvent qu'il est partout en équilibre. C'est une personne publique, et plus ses gestes sont élégans, plus sa voix est sonore, plus tout son être est calme et composé, plus il est parfait; s'il reste toujours le même devant les grands et devant les subalternes, devant les amis ou devant les parens, c'est un homme accompli auquel on ne peut rien ajouter. Qu'il soit froid, mais sensé, faux, mais prudent; s'il sait dans toute circonstance de la vie rester au-dehors maître de lui-même, on n'a plus rien à lui demander, et s'il a du

reste mérite, talens et richesse, c'est dans
lui générosité superflue.

» Figure-toi maintenant un pauvre bourgeois qui ose prétendre à ces brillans avantages ; il ne réussira jamais, et plus la nature lui donnera les forces et le désir de
s'élever, plus il sera malheureux.

» Le gentilhomme dans la vie commune
ne connaît point de bornes, on pourrait
faire de lui des rois, ou du moins peindre
les rois à son image ; il se présente partout
devant ses semblables avec la conscience de
sa dignité, il va toujours en avant, tandis
que le grand mérite du bourgeois est de
voir tranquillement le cercle étroit dans
lequel ou l'enferme. Il ne doit point demander à son voisin qui est-tu ? mais qu'as-
tu ? Quelles sont ton industrie, tes connaissances, tes facultés, ta fortune ? Quand le
noble a présenté sa personne, il a tout
donné, mais la personne du bourgeois, ce
n'est rien, ce ne doit rien être. L'un peut
et doit briller ; l'autre doit seulement exis-
ter, et s'il veut briller, il est ridicule et de
mauvais goût. L'un doit agir et gouverner,
l'autre doit travailler et créer ; il doit culti-

ver seulement un seul talent pour être utile,
et c'est dire qu'il n'y a point, qu'il ne peut
y avoir d'harmonie en lui-même, puisque
pour le rendre utile dans un genre, il faut
qu'il néglige tous les autres.

» Cette différence, je ne l'impute point
aux prétentions des nobles, ni à la bassesse
des bourgeois, mais aux institutions de la
société. Que tout cela doive changer un
jour, je m'en inquiète peu : il me suffit de
penser à moi-même, de rompre ma chaîne
et de satisfaire un besoin insatiable.

» Oui, je me sens entraîné par un penchant invincible à développer l'harmonie
de ma nature, en dépit de ma naissance.
Depuis notre séparation j'ai fait de grands
progrès dans les exercices du corps; j'ai
beaucoup perdu de mon ancienne timidité
et je me présente assez bien. Même changement dans mon langage, dans ma voix; et
je puis dire sans vanité que je ne déplais pas
en société. Seulement, je te l'avouerai, je
me sens de jour en jour un désir plus invincible d'être personne publique, de plaire et
d'agir dans une sphère plus étendue. Ajoute
à tout cela mon goût pour la poésie et pour

tous les genres qu'elle embrasse, le besoin
de former mon esprit et mon goût. Je veux,
dans les jouissances mêmes qui me sont de-
venues nécessaires, m'habituer à reconnaître le bon, le beau, à n'aimer que lui.
Tu le vois bien, le théâtre seul peut m'offrir tous ces avantages, et c'est le seul élément où je puisse me mouvoir et me développer comme je le désire. L'homme paraît
sur le théâtre dans son éclat personnel aussi
bien que dans les classes supérieures; l'esprit et le corps doivent, à chaque mouvement, s'y mettre en harmonie, et je pourrai
là paraître et briller aussi bien que partout
ailleurs. Si je veux m'occuper, je n'y man-
querai pas non plus de travaux mécaniques,
et j'y prépare à ma patience des exercices
journaliers. Ne dispute point avec moi;
avant la réponse, le pas sera déjà fait. Par
égard pour les préjugés dominans, je chan-
gerai mon nom, parce que je rougirais de
paraître au théâtre sous celui de Meister.
Ma fortune est en bonnes mains, et je ne
m'en inquiète pas; je te demanderai ce dont
j'aurai besoin, mais rarement, car j'espère
que mon talent pourra me faire vivre. »

La lettre était à peine partie que Wilhelm tint parole. Toute la société dévalisée dont nous avons raconté les malheurs fut engagée en même temps que lui, et Laerte fut le seul qui lui en temoigna sa reconnaissance. Pendant qu'on dressait le contrat, au moment où Wilhelm écrivait sur le papier son nom supposé, par une liaison inexplicable d'idées et de souvenirs, la forêt où, baigné dans son sang, il était couché sur le sein de Philine, se retraça vivement à sa mémoire. La ravissante Amazone sortait du bois montée sur un cheval blanc, avançait et descendait. Tendre et compâtissante, elle venait à son secours, elle était devant lui. Le manteau tombait de ses épaules, sa figure, sa taille brillaient un moment et disparaissaient. Il écrivit son nom machinalement, sans savoir ce qu'il faisait, et s'aperçut, seulement après avoir signé, que Mignon était près de lui, le tenait par le bras et lui retirait doucement la main.

CHAPITRE VIII.

Une des premières conditions de Wilhelm, dans son engagement, avait été qu'on jouerait *Hamlet* complet et sans coupures, et Jerlo n'y consentit point sans quelques restrictions.

Wilhelm était encore à l'age heureux où l'on ne peut concevoir qu'il existe la moindre imperfection dans l'écrivain que l'on admire, ou dans la beauté que l'on adore. L'impression que nous causent leurs beautés, est si complète et si bien d'accord avec elle-même, que l'harmonie parfaite de nos sentimens nous fait croire à la perfection de ceux qui les inspirent. Wilhelm ne voulait rien entendre quand Jerlo parlait de séparer la paille du blé. « Ce n'est ni blé ni paille, s'écriait-il, c'est un arbre avec ses branches, ses rameaux, ses feuilles, ses boutons, ses fleurs et ses fruits : tout est lié, tout s'enchaîne. » L'autre soutenait qu'on

ne servait pas l'arbre entier sur la table, et
que l'artiste devait offrir à ses convives des
pommes d'or dans des plats d'argent. Tous
deux s'épuisaient en comparaisons et se
comprenaient moins encore.

Wilhelm n'était pas plus décidé quand
Jerlo lui dit un jour, après une longue
discussion, de prendre enfin son parti de
mettre la main à la plume, de retrancher
de la pièce ce qui ne voudrait ou ne pourrait pas se rattacher à l'ensemble; ou bien
que s'il n'avait pas l'habitude de ce genre de
travail, s'il ne s'en sentait pas le courage,
il n'avait qu'à lui confier cette opération,
elle ne serait pas longue. Après quelques
jours passés dans la solitude, Wilhelm reparut rayonnant de joie. « Ou je me trompe
fort, dit-il, ou j'ai trouvé le moyen de
mettre dans la pièce plus d'ensemble; oui
je suis convaincu que Shakespeare lui-
même eût fait comme moi, si son génie ne
se fût pas tant occupé du principal, ou
n'eût pas été égaré peut-être par les nouvelles qu'il consultait. »

« Je vous écoute, dit Jerlo en s'étendant
majestueusement sur le canapé, je serai pai-

sible auditeur, mais juge d'autant plus sévère. »

« Je ne crains rien, répondit Wilhelm;
écoutez seulement. Après l'examen le plus
attentif et les réflexions les plus profondes,
je distingue deux parties dans la composition de la pièce. D'abord les grandes relations internes des personnages et des événemens terribles qui naissent du caractère
et de la conduite des principaux acteurs :
ces grandes figures prises à part sont par-
faites, et l'on ne peut rien changer au cadre
dans lequel l'auteur nous les présente. Une
main profane ne peut ni les détruire, ni
même les altérer. Ce sont ces grandes physionomies que chacun veut voir, que personne n'oserait remplacer, qui se gravent si
profondément dans les ames, et qu'on a
portées, comme je l'apprends, presque toutes sur le théâtre allemand.

» Seulement on a fait à mon avis une
grande faute dans la seconde partie de la
composition, je veux parler des relations
extérieures des personnages, qui les trans-
portent d'un lieu dans l'autre, ou les réu-
nissent de telle ou telle manière par certains

événemens inattendus : on les a jugées in-
signifiantes, on n'en a parlé qu'en passant,
ou même on les a tout-à-fait rejetées. Ces
fils sont, je l'avoue, minces et déliés, mais
ils traversent toute la pièce, ils joignent
les parties qui vont se séparer et tomber, si
l'on a l'imprudence de les couper, et si l'on
croit faire assez pour l'ensemble en n'en
laissant voir que les bouts.

«Parmi ces relations extérieures, je compte
les troubles de la Norwège, la guerre avec
le jeune Fortinbras, l'ambassade au vieux
oncle, la discorde sourdement entretenue,
le voyage du jeune Fortinbras en Pologne,
et son retour au dénoûment. De même le
retour d'Horatio de Wittemberg, le désir
d'Hamlet de s'y rendre ; le voyage de Laerte
en France, son retour; l'expédition d'Hamlet en Angleterre, sa captivité chez les cor-
saires; la mort des deux courtisans sur la
lettre d'Urias, sont autant de circonstances
et d'événemens qui peuvent alonger et
agrandir un roman, mais qui deviennent
autant de fautes et d'atteintes à l'unité de
cette pièce, où le héros n'a point de plan
déterminé. »

2.

« Ah ! je vous écoute enfin avec plaisir, dit Jerlo. »

« Pas si vite, dit Wilhelm, vous ne me louerez pas long-temps : ces fautes sont comme les piliers volants d'un édifice, on ne peut les ôter sans faire crouler de fortes murailles. Mon avis est donc de ne point toucher à ces grandes situations, de les épargner dans l'ensemble et dans les détails, mais de rejeter tous ces motifs extérieurs, isolés, sans suite et sans intérêt, et de leur substituer un motif unique. »

« Et ce serait, dit Jerlo, sortant de son calme majestueux? »

« Ce motif est déjà dans la pièce, mais j'aurai seulement le mérite d'en tirer bon parti : ce sont les troubles de Norwège. Je livre mon plan à votre critique.

» Après la mort du viel Hamlet, la Norwège nouvellement conquise se révolte. Le gouverneur de la province envoye en Danemarck son fils Horatio, ancien ami d'études de Hamlet, qui surpassait tous ceux de son âge en bravoure et en prudence, avec l'ordre de presser l'armement de la

flotte, négligé jusque-là sous le nouveau
roi plongé dans la débauche. Horatio a
connu le père d'Hamlet, il a servi sous lui
dans les derniers combats, et la première
scène du fantôme ne perd rien à ce nouvel
arrangement. Le nouveau roi donne au-
dience à Horatio, envoie Laerte en Norwège pour annoncer la prochaine arrivée
de la flotte, et charge, dans l'intervalle
Horatio d'en hâter l'armement; la reine,
de son côté, ne veut point consentir à ce
que Hamlet suive Horatio sur les mers
comme il paraît le désirer. »

« Dieu soit loué, dit Jerlo, nous voilà
débarrassés de Wittemberg et de la haute
école : c'était ma pierre d'achoppement.
J'approuve fort votre plan, excepté deux
points de vue un peu éloignés, la Norwège
et la flotte, le spectateur n'a plus besoin de
rien voir en esprit, il voit tout le reste passer
devant ses yeux, au lieu qu'avant on faisait
voyager son imagination dans tout l'univers. »

« Vous voyez facilement, dit Wilhelm,
comment je combine le reste de la pièce.
Quand Hamlet découvre à Horatio le crime

de son beau-père, celui-ci lui conseille de
partir avec lui pour la Norwège, de s'assurer de l'armée et de revenir les armes à la
main. Hamlet devenant dangereux pour le
roi et pour la reine, le meilleur moyen de
s'en défaire, c'est de l'envoyer sur la flotte
et de lui donner pour espions Rosenkranz et
Guldenstern : Laerte revient dans l'intervalle, ennemi assez furieux pour devenir
assassin ; on l'envoie sur les traces d'Hamlet. La flotte est retenue par les vents con-
traires, Hamlet revient encore ; on pourrait
peut-être motiver sa présence dans le cime-
tière. Sa rencontre avec Laerte dans le tom-
beau d'Ophélie est un ressort nécessaire à
la pièce. C'est alors que le roi songe qu'il
vaudrait mieux se défaire d'Hamlet sur-le-
champ ; les fêtes du départ, pour sceller la
réconciliation apparente d'Hamlet et de
Laerte, sont célébrées avec pompe, et les
deux rivaux se mesurent dans un tournois.
Je ne puis finir la pièce sans les quatre victimes ; personne ne doit rester. Le peuple
reprend son droit d'élection, et Hamlet
donne en mourant sa voix à Horatio. »

« Vite à l'ouvrage, dit Jerlo, mettez-vous là , l'idée me paraît excellente, mais que votre ardeur ne se ralentisse pas. »

CHAPITRE VIII.

WILHEM s'occupait depuis long-temps d'une traduction d'Hamlet, il s'était servi du beau travail de Wieland qui l'avait initié dans le principe à la connaissance de Shakespeare. Quoiqu'il fut content de son idée, cependant l'exécution lui fit juger qu'elle gâtait l'original.

Dès qu'il eut fini, il lut son travail à Jerlo en présence de la troupe. Ils témoignèrent tous leur satisfaction, et Jerlo surtout fit plusieurs remarques très-flatteuse.

« Vous avez très-bien senti, dit-il entre autres, que les circonstances extérieures qui accompagnent la pièce, doivent être beaucoup plus simples que dans l'ouvrage du grand poëte. Tout ce qui se passe hors du théâtre, tout ce que le spectateur ne voit point et doit se représenter, est comme une perspective éloignée où se meuvent des figures fantastiques. Mais ce point de vue beaucoup plus simple de la flotte et de la Norwège fera beaucoup de bien à la pièce : si on les supprimait entièrement, il ne resterait plus qu'une scène de famille, et cette belle conception du poëte qui fait périr toute une famille royale par ses égaremens et ses crimes domestiques, ne serait plus représenté dans sa grandeur imposante. Mais si la perspective lointaine restait toujours variée, mobile et confuse, l'impression de ces grandes physionomies serait bien affaiblie. »

Wilhelm prit encore le parti de Shakespeare et montra qu'il avait écrit pour des insulaires, pour des Anglais habitués à voir dans le lointain les vaisseaux et la navigation, les côtes et les caps de la France ; mais ce qui flattait leurs habitudes, ajouta-t-il, nous distrait et nous trouble.

Jerlo fut obligé de se rendre. On avait déjà distribué les rôles : Jerlo s'était chargé de celui de Polonus ; Aurélie, de celui d'Ophélie ; Laerte représentait son homonyme ;

un jeune homme nouveau-venu, court et vif, prit le rôle d'Horatio; mais pour ceux du roi et de l'ombre on était un peu plus embarrassé. On n'avait que le vieux grondeur pour ces deux personnages. Jerlo proposa pour roi, le pédant; mais Wilhelm protesta vivement contre un pareil choix : on ne pouvait se décider.

Wilhelm avait conservé dans sa pièce les deux rôles de Rosenkranz et de Guldenstern. Il fallait n'en faire qu'un personnage, dit Jerlo, l'abréviation était facile.

« Dieu me garde d'abréger ainsi, répondit Wilhem, ce serait détruire l'esprit et les ressorts de la pièce. Le caractère et les actions de ces deux hommes ne peuvent être représentés par un seul. C'est dans ces rôles secondaires que paraît la grandeur de Shakespeare. Ce doux maintien, ces courbettes, ces révérences, ces caresses, ces flatteries, cet empressement, cette bassesse rampante, cette fourberie si polie, cette présomption et cette vanité, cette ignorance des courtisans, comment un seul homme pourrait-il les exprimer? Il en faudrait plutôt une douzaine, si on pouvait les trouver, car pour être quelque chose, il faut qu'ils soient en nombre, ces deux là font la société, et Shakespeare a fait preuve de goût et de modération, en ne faisant paraître que deux représentans de toute l'espèce. D'ailleurs je les employe dans mon travail comme un contraste, avec le bon et généreux Horatio qui se trouve seul. »

« Je comprends, dit Jerlo, et nous trouverons notre affaire. Nous confierons l'un des deux rôles à Elmire, (c'était la fille aînée du pédant.) On peut sans inconvénient donner bonne mine à ces courtisans, et je vais parer mes poupées et les dresser de la plus jolie façon. »

Philine était enchantée de faire la duchesse dans la petite comédie.

« Je jouerai ce rôle au naturel, disait-elle; je ferai voir comment on se dépéche de prendre un second mari, quand on a si prodigieusement aimé le premier. J'espère faire retentir la salle d'applaudissemens et tous les hommes voudront être mon troisième. »

Aurélie fit un geste de dépit à ces derniers mots, elle se sentait tous les jours plus de répugnance pour Philine.

« Il est bien malheureux, dit Jerlo, que nous n'ayons pas de ballet; j'aurais voulu vous voir danser un pas de deux avec votre premier et votre second mari; le vieux musicien s'endormirait en marquant la mesure, et vos pantoufles, vos petits pieds glissant sur le théâtre feraient un effet délicieux. »

« Vous n'avez jamais vu mes pantoufles, répondit Philine d'un ton piquant; quant à mes pieds, ajouta-elle en se baissant sous la table pour ôter ses mules, et les mettre l'une après l'autre devant Jerlo, en voici l'étui, je vous défie d'en trouver de plus mignons. »

« Ce serait chose difficile, dit Jerlo charmé de l'élégance des pantoufles; on ne saurait rien voir de plus joli. »

C'était le chef-d'ouvre d'un ouvrier de Paris, Philine les avait reçus de la comtesse, dont le joli pied avait tant de réputation. »

« Objets séduisans! s'écria Jerlo; leur seul aspect fait battre mon cœur.

« Quelle sensibilité, dit Philine. »

III.   3

— « Non je ne trouve rien au monde de comparable à des mules d'une forme si ravissante, mais leur bruit me plaît encore plus que leur aspect. » En disant ces mots, il les prenait l'une après l'autre et les faisait tomber sur la table.

— « Que faites-vous donc ? rendez-moi mes mules. »

« Dois-je le dire, répondit Jerlo avec une feinte modestie et une gravité maligne : nous autres jeunes gens, qui sommes le plus souvent seuls la nuit, nous avons peur comme d'autres hommes, et dans les ténèbres, nous désirons de la société, surtout dans les auberges et dans les lieux pareils où l'on n'est pas en sûreté parfaite. Quelle douce consolation, si quelque enfant compatissant voulait nous prêter assistance et nous tenir compagnie ! La nuit venue, on se couche, on entend du bruit, on frissonne, la porte s'ouvre ; on reconnaît une jolie petite voix qui fait le signal, quelque chose se glisse dans les rideaux et les agite : klipp ! klapp ! les pantoufles tombent, et leste ! on n'est plus seul. Ah ! quelle musique délicieuse, quand les talons résonnent sur le plancher ! Plus les mules sont jolies, plus le bruit en est doux. Qu'on ne me parle plus de Philomèle, de cascades retentissantes, de murmure des vents, d'orgues et de fifres ; je m'en tiens au klipp ! klapp ! klipp ! klapp ! C'est le plus joli thème pour un rondeau, on voudrait toujours entendre le refrain. »

Philine lui arracha les pantoufles des mains : « je les ai déformées, dit-elle, elles seront maintenant trop larges pour mon pied. » Puis en se jouant, elle se mit à frotter les deux semelles l'une contre l'autre. « Comme elle est chaude ! ajouta-t-elle, en plaçant une semelle sur sa joue et la frottant de nouveau, elle la présenta à Jerlo. » Celui-ci eut la bonhomie d'avancer la main pour sentir la chaleur, et klipp ! klapp ! elle lui donna sur les doigts un coup si bien appliqué, qu'il retira sa main en poussant un cri. « Je vous apprendrai, dit-elle en riant, à raisonner sur mes pantoufles. »

« Et moi je veux t'apprendre, répondit Jerlo, à tromper de vieux garçons comme des enfans. » Il sauta sur elle, la saisit avec force et lui déroba mille baisers, qu'elle refusait sérieusement et se faisait ravir avec adresse. Ses longs cheveux flottaient sur ses épaules et les couvraient tous deux : la chaise tomba par terre, Aurélie scandalisée d'une scène aussi indécente, les regardait avec dédain.

CHAPITRE IX.

Quoique Wilhelm dans sa nouvelle pièce eût réformé beaucoup de personnages, ils étaient pourtant encore assez nombreux pour que la société pût à peine y suffire. « Si ça continue, dit Jerlo, il faudra que le souffleur sorte de son trou, paraisse parmi nous et se transforme en personnage. »

« Je l'ai souvent contemplé dans ses fonctions, dit Wilhelm. »

« Je ne crois pas qu'on ait jamais vu un souffleur plus accompli, reprit Jerlo. Aucun spectateur ne l'entend, et nous sur le théâtre, nous comprenons chaque syllabe. »

« Oui, dit Aurélie, par une autre bizarrerie inconcevable , il me laissa hésiter un jour au milieu d'une crise tragique. »

« Comment accorder cette faute avec son attention ordinaire , demanda Wilhelm. »

— « Dans certains passages, il s'attendrit au point de pleurer à chaudes larmes et de rester pendant quelques momens hors de lui-même ; et ce ne sont pas les passages qu'on appelle touchans qui lui causent une impression si profonde, ce sont, si je puis m'exprimer ainsi, les beaux passages , ceux où le poëte montre son ame comme dans un miroir pur et fidèle, les passages qui causent nos plus doux transports, et sont à peine aperçus du vulgaire. »

« Mais avec une ame aussi sensible, pourquoi ne monte-t-il pas sur le théâtre ? dit Wilhelm. »

— « Un organe trop faible, une contenance gauche et embarrassée l'empêchent d'y paraître, et son caractère hypocondriaque l'exclut de notre société. Il lit comme je n'ai jamais entendu lire ; personne ne sait marquer comme lui la nuance délicate, qui sépare la déclamation d'un récit animé. »

« J'y suis, s'écria Wilhelm, j'y suis!
Quelle heureuse découverte! nous avons
donc trouvé le comédien qui pourra réciter
le passage du farouche Pyrrhus! »

« Il faut être aussi passionné que vous
l'êtes, dit Jerlo, pour ramener ainsi tout à
son but. »

— « J'étais vraiment très-inquiet; je craignais d'être forcé de supprimer ce passage,
et toute la pièce en eût souffert. »

« Je ne vous comprends pas bien, dit
Aurélie. »

« J'espère que vous serez bientôt de mon
avis, répondit Wilhelm. Shakespeare a
deux motifs pour faire paraître ses comédiens. D'abord l'homme qui déclame avec
une douleur si touchante le récit de la mort
de Priam, produit sur l'ame du prince une
impression profonde; il affermit la conscience du jeune homme jusques-là chan-
celante; et cette scène sert de prélude à
celle où le spectacle produit un effet si pro-
digieux sur le roi. Hamlet se sent au-des-
sous d'un comédien qu'une douleur étrangère, qu'une fiction a si vivement ému, et
naturellement il forme le projet de sou-

mettre à la même épreuve la conscience
de son beau-père. Quel monologue im-
posant que celui qui termine le second
acte ! Que j'aurai de plaisir à le réciter ! »
« Oh ! quel grossier personnage, quel mi-
» sérable esclave je suis! N'est-il pas mons-
» trueux que ce comédien, pour une fiction
» poétique, pour le rêve d'une passion,
» puisse tourmenter son ame à volonté, et
» faire pâlir son visage. Des yeux baignés
» de larmes, une physionomie troublée,
» une voix brisée, tout son être ébranlé
» par un seul sentiment, et tout cela pour
» rien, pour Hécube! et que lui est Hé-
» cube ? qu'est-il à Hécube pour s'atten-
» drir sur elle ? »

Ils convinrent de mettre le souffleur à
l'essai, et s'occupèrent du fantôme. Wilhelm ne pouvait se résigner à confier au
pédant le rôle du roi vivant pour donner
au grondeur celui de l'ombre paternelle ;
on devait, disait-il, attendre plutôt les acteurs qui s'étaient annoncés, et l'on trouve-
rait peut-être sur le nombre l'homme que
l'on cherchait.

Qu'on juge de la surprise de Wilhelm

lorsqu'en rentrant chez lui le soir du même
jour, il trouva sur sa table le billet suivant
et à l'adresse de son nom de théatre, por-
tant l'empreinte d'un cachet mystérieux :

« Singulier jeune homme, tu es dans un
grand embarras, nous le savons. Tu peux
à peine trouver des hommes pour ton Hamlet, encore moins des esprits. Ton zèle
mérite des miracles; nous ne pouvons en
faire, mais il y aura quelque chose de miraculeux. Sois tranquille, à l'instant nécessaire l'ombre doit paraître; aie bon courage et conserve ton sang-froid : point de
réponse : nous connaîtrons ta résolution. »

Wilhelm après cette singulière lettre
courut chez Jerlo qui la lut et la relut, et
dit enfin, en paraissant y réfléchir, que la
chose était de grande importance, qu'il fallait examiner s'il serait prudent de se fier à
des promesses aussi vagues. On en parla
beaucoup : Aurélie gardait le silence et
souriait de temps en temps; quelques jours
après, la conversation étant revenue sur le
même sujet, elle fit entendre qu'elle regardait cette lettre comme une espièglerie de
Jerlo : mais elle engagea Wilhelm à bannir

toute inquiétude, à se reposer sur le mystérieux personnage.

Jerlo était de fort bonne humeur; il espérait que la curiosité du public, impatient
de connaître la nouvelle troupe, lui vaudrait d'excellentes recettes.

La société de Wilhelm n'était pas sans
avantages pour lui. Il commençait à raisonner son art, car enfin il était Allemand, et
les Allemands aiment à se rendre compte
de ce qu'ils font.

Un soir surtout Jerlo, plus gai que jamais,
parlait du rôle de Polonius et de la manière
dont il l'avait conçu. Je vous promets, disait-il, de représenter le mieux du monde ce
respectable personnage. Son calme et son as-
surance, sa sottise et sa vanité, son amabi-
lité qui veut sourire et grimace, sa franchise et ses manœuvres secrètes, sa fourberie si cordiale, sa sincérité si fausse, tout
cela sera joué comme il convient. Je veux
montrer et peindre avec toute sa politesse
de cour ce barbon, demi-coquin, se disant
très-probe, endurant tout et flattant les circonstances; les traits durs et grossiers du
pinceau de Shakespeare me seront ici d'un

grand secours. Je parlerai comme un livre, quand je serai préparé; comme un fou, quand je serai de bonne humeur : assez grossier pour parler à chacun son langage, assez adroit pour ne point m'apercevoir qu'on se moque de moi. Non, jamais je n'ai conçu de rôle avec tant de plaisir et tant d'astuce. »

« Que ne puis-je en dire autant du mien, dit Aurélie ; je n'ai plus assez de jeunesse ni d'abandon pour me retrouver dans Orphélie : mais je suis trop sûre d'une chose, c'est que le sentiment qui égare sa raison sera toujours dans mon cœur. »

« Ne soyons pas si difficiles, dit Wilhelm ; car, à parler franchement, dans l'étude de cette pièce, le désir que j'avais de jouer Hamlet m'a complètement abusé. Plus j'étudie ce rôle, plus je vois qu'il n'y a dans moi-même aucun des traits de la physionomie que Shakespeare donne à son Hamlet. Quant je vois comment toutes les parties de ce rôle sont artistement combinées, j'ose à peine me flatter de produire l'effet le plus médiocre. »

» C'est avoir trop de scrupule à votre début dans la carrière, dit Jerlo. Le comédien s'accommode à son rôle comme il peut, et le rôle doit s'ajuster à sa taille. Mais comment Shakespeare nous dépeint-il son Hamlet? vous ressemble-t-il donc si peu? »

« D'abord Hamlet est blond, répliqua Wilhelm. »

— « Voilà ce qui s'appelle approfondir. D'où tirez-vous cette conclusion? »

— « C'est un Danois, un homme du nord, de race blonde ; il a les yeux bleus. »

— « Shakespeare aurait-il pensé à tout cela? »

— « S'il ne l'a dit nulle part expressément; on est forcé de le croire en combinant certains passages. L'escrime le fatigue, la sueur coule sur ses joues, et sa mère dit : « Il est gras, laissez-le respirer. » On doit donc se le figurer blond et d'une belle santé; car ce n'est point là le tempérament des hommes bruns dans leur jeunesse. Et pour sa mélancolie rêveuse, sa douleur indolente, son irrésolution, ne vaut-il pas mieux le faire blond, que de s'imaginer un jeune prince svelte et délié, aux cheveux bruns, ce qui ferait supposer plus de résolution et de vivacité? »

« Fi ! l'embonpoint de Hamlet, dit Aurélie : vous gâtez toutes mes illusions. N'allez pas nous représenter votre prince avec toute sa corpulence, donnez-nous plutôt un quiproquo qui nous plaise et nous touche. Il s'agit moins des intentions de l'auteur que de nos émotions, et nous voulons un plaisir qui soit conforme à nos idées. »

CHAPITRE X.

Un soir la société se demanda lequel méritait la préférence du roman ou du drame, et l'on s'en tint aux résultats suivans :

» Dans l'un comme dans l'autre, nous voyons agir la nature humaine.

» La différence entre ces deux genres ne consiste pas seulement dans les formes extérieures, en ce que dans l'un les personnes parlent, et que dans l'autre on raconte ce qu'elles ont fait. Malheureusement beau-

coup de drames ne sont que des romans dia-
logués, et il ne serait pas impossible de dé-
crire tel drame par lettres.

» Dans le roman on demande surtout des
sentimens et des événemens; dans le drame,
des caractères et des actions. Le roman marche lentement, et les sentimens doivent,
d'une manière ou de l'autre, arrêter la rapidité des événemens pour avoir le temps de
se développer. Le drame doit être rapide,
et le caractère des principaux personnages
doit courir au dénouement sans jamais s'arrêter. Le héros du roman doit souffrir, ou
du moins n'est pas forcé d'agir; on veut que
le héros du drame agisse et entraîne. Gran-
disson, Clarisse, Paméla, le vicaire de Wake-
field, Tom Jones lui-même, ne sont pas
toujours malheureux, sont toujours très-
lents, et les événemens sont en quelque sorte
réglés sur leurs sentimens. Dans le drame,
le héros ne forme rien à son modèle, tout
lui resiste; il faut qu'il écarte et renverse les
obstacles ou qu'il succombe.»

On convint aussi qu'on peut laisser agir
le hasard dans le roman, mais il doit être
dirigé, modifié par le caractère des person-

nages. Le drame seul admet le destin qui
perd les hommes sans avoir besoin de leur
imprudence; et les pousse, par des circonstances extérieures et arbitraires, dans une
catastrophe imprévue. Le hasard peut bien
amener des situations pathétiques, mais jamais tragiques : Le destin, au contraire,
doit être toujours terrible; et s'il est tragique dans toute la force de l'expression, c'est
quand les innocents et les coupables, sépa-
rés par leurs actions, sont par lui réunis
dans le même abîme.

On revint naturellement de cette discussion, à la grande et bizarre création de Shakespeare. Là, disait-on, le héros n'a que
des sentimens, il suit l'impulsion des circonstances, et sous ce rapport le drame serait lent comme le roman. Mais c'est la main
du destin qui trace le plan de la pièce, qui
la fait dépendre d'une action terrible, qui
pousse sans cesse à cette action le bras du
héros, et dès-lors la pièce est tragique au
plus haut point, et n'admet qu'un tragique dénouement.

Wilhelm fit ensuite la lecture d'Hamlet,
et voulut convaincre les acteurs de l'impor-

tance de cette première épreuve. Tous montraient le zèle le plus ardent. « Nous verrons, dit Jerlo, à la grande répétition : rien n'est plus comique que de voir des comédiens parler d'étude; c'est comme si des francs – maçons parlaient de travail. Cette vérité de l'imagination, qui fait de nos tréteaux un temple, de nos cartons des forêts; cette force intérieure de l'ame, qui seule donne le change au spectateur; cette vérité de la fiction, qui seule produit l'effet et l'illusion, voilà ce qu'il nous faut comprendre. »

CHAPITRE XI.

Willhelm vint de bonne heure à la répétition, et se trouva seul sur la scène. La beauté du local le surprit, et réveilla en lui d'étranges souvenirs. Les décorations, qui représentaient des forêts et des villages, étaient précisément celles qu'il avait vues sur le théâtre de sa ville natale, et, comme

aujourd'hui, dans une répétition, le matin
du jour où Marianne lui fit le tendre aveu de
son amour, et consentit au bonheur de la
première nuit. Les cabanes du théâtre étaient
comme celles de la campagne; la lumière
véritable du soleil entrant par une fenêtre à
demi-fermée, tombait sur un banc grossier
posé près de la porte. Hélas! ces rayons ne
brillaient pas comme autrefois sur le sein
de Marianne. Il s'assit, réfléchit à ce singulier rapprochement, et crut pressentir que
bientôt peut-être il la reverrait sur ce théâtre. Et pourquoi tant d'illusions? parce que
la petite pièce finale, où figuraient ces décorations, était alors en vogue sur tous les
théâtres de l'Allemagne.

Il fut interrompu dans ses méditations par
l'arrivée des comédiens : deux habitués du
théâtre et du foyer des acteurs entrèrent
avec eux, et saluèrent Wilhelm avec enthousiasme. L'un paraissait en quelque
sorte attaché à madame Mélina, l'autre était
un ami désintéressé de l'art; tous deux
hommes de mérite, tels que toute bonne
société voudrait en posséder.

Leur présence fut très-utile aux comé-

diens : ils cherchèrent surtout à les convaincre de cette vérité que même, dans une
épreuve, les gestes et l'action devaient toujours accompagner les paroles, et se joindre au débit comme par une habitude ma-
chinale. Dans la répétition d'une tragédie,
les mains surtout 'ne devaient se permettre
aucun mouvement vulgaire, et l'acteur tragique qui prenait alors du tabac, leur faisait
craindre qu'au même passage, dans la représentation publique, la prise ne lui fut nécessaire : ils soutenaient même qu'on ne devait
pas répéter en bottes quand le rôle exigeait
des souliers. Mais leur plus grande douleur
était de voir, à la répétition, les femmes
mettre leurs mains dans leurs poches.

Wilhelm les pria de se placer dans le coin
le plus éloigné de la salle, et de frapper avec
une clef sur un banc chaque fois qu'ils ne
l'auraient pas parfaitement compris. Il ar-
ticulait clairement, il parlait selon le besoin de la situation, élevait la voix par de-
grés, sans jamais crier trop fort dans un
moment de chaleur. Aussi, chaque fois qu'il
reprenait, le bruit de la clef se faisait entendre moins souvent, et l'on put espérer que

3.

la pièce serait parfaitement comprise dans
tous les coins de la salle.

CHAPITRE XII.

La répétition générale venait de finir ;
elle avait duré fort long-temps. Jerlo et
Wilhelm avaient encore beaucoup de me-
sures à prendre ; et quoiqu'ils eussent em-
ployé beaucoup de temps à leurs préparatifs, il y avait en outre certaines dispositions
nécessaires qu'on avait remises au dernier
moment.

Par exemple, les portraits des deux rois
n'étaient pas encore achevés ; la scène entre
Hamlet et sa mère, qui devait produire une
sensation si terrible, n'en prenait guère la
tournure ; on n'avait encore ni le fantôme,
ni du moins son portrait. Jerlo riait de bon
cœur : « Nous serions bien attrappés, disait-
il, si l'ombre ne répondait pas à l'appel, si
les gardes se battaient réellement avec l'air,
et que notre souffleur fut obligé de sortir
de la coulisse, en l'absence du fantôme. »

« Ne faisons pas injure à notre mystérieux ami par une pareille incrédulité, dit Wilhelm; il doit venir à temps et nous surprendre nous-mêmes aussi bien que les spectateurs. »

« Vraiment, dit Jerlo, je serai bien content si nous pouvons jouer demain; nous avons plus d'embarras que je ne l'aurais cru. »

« Personne au monde, dit Philine, ne sera plus contente que moi, si l'on joue la pièce demain, quoique mon rôle ne m'embarrasse guère. Mais entendre toujours et sans cesse parler d'une seule chose, et tout cela pour une représentation qui sera bien vite oubliée comme tant d'autres, ma patience n'y suffirait pas : pour l'amour de Dieu ne faites pas tant d'embarras. Les convives qui se lèvent de table ont toujours quelque chose à critiquer dans l'ordonnance du repas, et, si l'on en croit ce qu'ils disent chez eux, il est inconcevable qu'ils aient pu souffrir une pareille misère. »

« Souffrez, belle enfant, que je profite de votre comparaison, dit Wilhelm; songez aux travaux de la nature, de l'art, du commerce, de l'industrie, pour faire les apprêts d'un somptueux festin; combien d'années le daim doit croître dans les forêts, et le poisson dans les mers ou dans les fleuves, avant qu'ils soient dignes d'être servis sur notre table? Que ne font dans la cuisine l'intendante et la cuisinière? Avec quelle indifférence on boit au dessert ce qu'ont produit les travaux du vigneron d'une contrée lointaine, du marin, du sommelier, comme si ils n'avaient fait que leur devoir! Parce que le résultat de tant de travaux est une puissance passagère, tous ces hommes doivent-ils cesser de travailler, de créer et de préparer? Et le maître de la maison doit-il se dispenser de veiller à l'ordonnance, à la symétrie de son festin? Mais ce n'est point une puissance passagère, car elle produit une impression durable; et souvent, par notre zèle et notre activité nous communiquons au spectateur une force secrète dont l'impulsion va si loin qu'on ne peut la suivre. »

« Que m'importe, dit Philine, je n'en suis pas moins convaincue que les hommes sont toujours en contradiction avec eux-mêmes. Avec tous vos scrupules pour ne point mutiler le grand Shakespeare, vous avez pourtant oublié la plus belle idée de la pièce. »

« La plus belle, dit Wilhelm ? »

— « Oui la plus belle, le joyeux festin d'Hamlet. »

« Que voulez-vous dire, dit Jerlo. »

« Si vous portiez une perruque, dit Philine, je vous l'aurais arrachée le plus doucement du monde; car vous avez besoin qu'on vous ouvre l'esprit. »

Wilhelm et Jerlo réfléchirent à cette nouvelle idée, et Philine se mit à chanter sur un air très-gai et très-joli, les couplets suivans :

« Ne chantez-pas sur un ton si larmoyant la solitude de la » nuit : la nuit, ô grâcieuses beautés, est faite pour le bon- » heur.

» Si la femme est la plus belle moitié de l'homme, la nuit est » aussi la moitié de la vie, et la moitié la plus belle.

» Pouvez-vous aimer le jour qui ne fait qu'interrompre les » plaisirs; le jour on se distrait, c'est tout ce qu'on peut » faire.

» Mais quand vient la nuit, et qu'aux faibles lueurs d'une » lampe mourante, l'amour et la gaîté passent de la bouche à » la bouche :

» Quand le fougueux jeune homme, auparavant vif et ar-
» dent, retarde maintenant par ses jeux folâtres, la plus légère
» faveur ;

» Quand le rossignol chante pour les amans un chant d'a-
» mour, chant de douleur pour les captifs et les malheureux;

» Que la cloche alors fait doucement palpiter le cœur, en
» promettant douze fois à l'amour repos et sûreté :

» Oui, tu peux le dire, ô gracieuse beauté, dans la longueur
» des jours ; le jour a ses ennuis et la nuit ses délices. »

Elle fit en finissant une demi-révérence;
Jerlo cria bravo. Elle sortit en riant aux
éclats et l'on entendit encore sur l'escalier
ses chants et le bruit de ses pantoufles.

« Qu'elle me déplaît, dit Aurélie à Wilhelm, après le départ de Jerlo et de toute
la société. Elle me déplaît fortement, et
dans les plus petites choses. Je ne puis voir
ses sourcils bruns et ses yeux bleus que mon
frère trouve si charmans, et la raie qu'elle
a sur le front à quelque chose de repoussant
et d'ignoble qui me fait reculer de dix pas.
Elle racontait l'autre jour par manière de
plaisanterie, que dans son enfance, son
père lui avait jeté une assiette à la tête, et
qu'elle en conservait la cicatrice. Il est écrit

dans ses yeux et sur son front que l'on doit se défier d'elle. »

Wilhelm ne répondit rien; Aurélie ajouta avec plus de dépit encore : « Il m'est impossible de lui dire un mot d'honnêteté, tant je la déteste, et pourtant elle est bien caressante. Je voudrais en être débarrassée. Vous aussi, mon ami, vous avez pour cette créature une complaisance et des manières qui me blessent jusqu'au fond de l'ame, une attention qui touche à l'estime, et que par le ciel, elle ne mérite guère. »

« Telle qu'elle est, je lui dois quelque chose, dit Wilhelm; sa conduite est blamable, mais je dois rendre justice à son caractère. »

— « Son caractère! croyez-vous qu'une pareille créature ait un caractère! O vous autres hommes, je vous reconnais-là! vous méritez de pareilles femmes. »

— « Pourriez-vous me soupçonner, ma chère amie? Je vous rendrai compte de chaque minute que j'ai passée avec elle. »

— « Non, non, il est trop tard, brisons-là. Ah! les hommes! en voir un, c'est les voir tous, et les voir tous, c'est en voir un.

Bonne nuit, mon ami. Bonne nuit, mon bel oiseau du paradis. »

— « Eh! pourquoi ce joli titre? »

— « Demain, demain. On dit que ces oiseaux-là n'avaient pas de pattes, qu'ils planaient dans l'espace, et se nourrissaient de l'éther; mais c'est un conte, une fiction poétique. Bonne nuit, faites de jolis rêves, soyez heureux. »

Elle se retira dans sa chambre, et Wilhelm courut dans la sienne. Presque fâché, il la parcourait à grands pas. Le ton moqueur, mais décidé d'Aurélie l'avait offensé: il sentait vivement son injustice envers lui. Pourquoi serait-il brusque ou malhonnête avec Philine? elle n'avait point de torts à son égard, mais il était bien éloigné d'avoir de l'amour pour elle, il pouvait se rendre cette justice avec orgueil et confiance.

Il était sur le point de se déshabiller et d'ouvrir ses rideaux pour se mettre au lit, lorsqu'il vit par terre à sa grande surprise, une paire de pantoufles!

C'étaient les pantoufles de Philine, il les connaissait trop bien. Il crut voir que les rideaux étaient dérangés et semblaient s'agiter : il resta quelques temps immobile, les yeux fixés sur le lit.

Une émotion qu'il prenait pour le dépit, lui coupait la respiration; il se remit enfin et cria d'une voix assurée :

« Levez-vous Philine; que sert ce badinage? qu'est devenu votre sagesse, votre réserve ! voulez-vous nous rendre demain la fable de toute la maison? »

Pas de réponse.

— « Je ne plaisante pas, ces agaceries sont déplacées avec moi. »

Pas un mot, pas un mouvement.

Il prit son parti, courut en colère sur le lit, et ouvrit les rideaux : « Levez-vous , dit-il, je n'entends pas vous céder ma chambre pour cette nuit. »

Quel fut son étonnement ! le lit était vide, les draps et les couvertures dans le plus grand ordre. Il regarda , chercha partout, sans trouver la friponne; derrière le lit, derrière le poële, dans la ruelle, point de Philine, tout fut visité; un témoin malin aurait pu croire qu'il cherchait pour trouver.

Il ne pouvait plus dormir : il mit les pantoufles sur la table, il marcha de long en

III.   4

large, s'arrêtant quelquefois près des pan-
touffles; un malin génie qui l'observait, assure qu'il s'occupa des jolies mules une
grande partie de la nuit, qu'il les contem-
plait avec un certain intérêt, qu'il jouait
avec elles, et que s'étant jeté vers le matin
tout habillé sur son lit, il s'endormit dans
les visions les plus étranges.

Il dormait encore lorsque Jerlo vint dans
sa chambre. « Où êtes-vous, s'écria-t-il;
encore au lit! Est-il possible, je vous cher-
chais an théâtre où nous avons encore tant
de choses à faire.

CHAPITRE XXIII.

LE soir était déjà venu, la salle était pleine, et Wilhelm s'habillait à la hâte. Il ne
mettait plus le masque avec autant de plaisir qu'à la première répétition; il s'habillait
pour avoir fini. Quand il entra dans le foyer,
les dames s'écrièrent d'une voix unanime
que tout son costume était de travers; son

panache était dérangé, ses boucles ne joignaient pas : on se mit à séparer ceci, à
rapprocher cela, à poser les épingles. La
musique allait déjà, et Philine n'avait pas
encore terminé avec la chevelure de Wilhelm, Aurélie avec son manteau. « Laissez-
moi, enfans, dit-il, cette négligence même
est un trait de ressemblance avec Hamlet. »
Les femmes ne le lâchèrent pas et conti-
nuèrent sa toilette. La musique venait de
cesser et la pièce commençait. Il se regarda
dans le miroir, enfonça son chapeau sur son
visage et rafraîchit son fard.

En ce moment quelqu'un accourt, et
s'écrie : Le fantôme ! le fantôme !

Wilhelm, dans toute la journée, n'avait
pas eu le temps de songer si l'ombre paraîtrait à l'heure fixe. Il n'était plus temps
d'y pourvoir, et l'on pouvait s'attendre aux
plus singulières disgrâces. Le régisseur vint
l'accabler de questions; Wilhelm n'avait
plus le temps de s'occuper du fantôme, il
alla prendre sa place au pied du trône, où
le roi et la reine brillaient déjà dans toute
leur majesté : il n'entendit que les derniers
mots d'Horatio, qui parlait comme un fou

de l'apparition du fantôme, et semblait
avoir oublié son rôle.

Le rideau se leva, et fit voir à Wilhelm ses
nombreux spectateurs. Horatio, après avoir
fini son discours au roi, s'approcha d'Hamlet comme pour se présenter au jeune prince, et lui dit tout bas : « Le diable est sous
les armes, il nous a tous fait trembler. »

Dans l'entr'acte, on vit dans les coulisses
deux hommes d'une haute stature, couverts
de manteaux blancs et de capuchons. Wilhelm, qui dans sa distraction, son trouble
et son embarras, croyait s'être fort mal tiré
de son premier monologue, malgré les applaudissemens qu'il avait reçus à sa sortie,
était cette fois triste et mécontent au naturel, lorsqu'il reparut dans les ténèbres d'une
froide nuit d'hiver. Cependant il se remit,
dit avec l'insouciance qui convenait au passage, sa tirade sur l'amour des hommes du
nord pour les festins et la bouteille; il avait
oublié le fantôme comme les spectateurs
eux-mêmes. Il fut réellement effrayé lorsque Horatio s'écria : *Voyez, voyez, le voilà!*
Il se retourna brusquement, et la haute et
majestueuse stature du fantôme, ses pas in-

sensibles, sa démarche aérienne, malgré la pesante armure qui le couvrait, firent sur lui une impression si violente, qu'il sembla pétrifié. Il cria d'une voix étouffée : « Anges, esprits célestes, protégez-nous. Il regardait fixement le fantôme, il reprenait haleine, et quand il lui parla, son trouble, son désordre étaient si naturels, que l'art le plus savant n'eut jamais atteint à cette perfection.

Sa traduction venait ici fort à propos : il s'était tenu près de l'original, dont les paroles lui semblaient exprimer avec tant de force l'état d'une ame qu'agitent la surprise, l'épouvante et l'horreur.

« Que tu sois un esprit de bénédiction
» ou un damné farfadet, que tu apportes
» avec toi le souffle du ciel ou les vapeurs
» de l'enfer, que ton intention soit per-
» verse ou charitable, tu te présentes sous
» une forme auguste ; il faut que je te parle :
» je t'appelle Hamlet ; roi, père, réponds-
» moi. »

Il était facile de voir dans le public une sensation profonde. L'ombre fit un signe,

et le prince le suivit au bruit des applaudissemens.

La scène change; ils arrivent dans un en-
droit solitaire où le fantôme s'arrête et se
retourne tout-à-coup; Hamlet se trouve
plus près de lui. Wilhelm, dans sa vive curiosité, dardait ses regards à travers la vi-
sière du casque; mais il ne put distinguer
qu'un nez bien fait et des yeux enfoncés.
Immobile, il épiait ses mouvemens avec
crainte, mais lorsque les premiers accens
sortirent du masque de fer, lorsqu'une voix
sonore, mais un peu rauque, fit entendre
ces mots: *Je suis l'ombre de ton père;* Wilhelm recula de quelques pas, et, comme
lui, tout le public frémit d'horreur. Chacun
croyait reconnaître cette voix; Wilhelm
crut remarquer que c'était l'accent de son
père. Ces impressions, ces bizarres souvenirs, le désir de connaître enfin son mystérieux ami, et la crainte de l'offenser, les
convenances du théâtre qui lui défendaient
de s'approcher de lui dans la situation, tout
agitait et bouleversait l'ame de Wilhelm.
Pendant le long récit du fantôme, il chan-
gea si souvent d'attitude, il parut si troublé,

si gêné, si attentif et si distrait, que son jeu
excita dans le public autant d'admiration
que l'ombre avait inspiré d'effroi. Il y avait
dans ses paroles un profond sentiment de
mélancolie plutôt qu'une douleur amère,
mais une mélancolie lente et sans passion,
comme celle d'une grande ame qui, séparée de la terre, y tient encore par d'éter-
nelles souffrances. Le fantôme s'abîma, mais
de quelle manière! un crêpe léger, gris et
transparent, sortit de l'abîme comme une
vapeur, enveloppa l'ombre et disparût avec
elle.

Les amis d'Hamlet vinrent alors, et ju-
rèrent sur l'épée. Mais le fantôme travaillait
encore sous terre comme une taupe, et
criait partout sous leurs pieds : *Jurez!* et tous,
comme si la terre était brûlante, couraient
d'une place à l'autre. Mais en vain ; partout
une flamme bleuâtre sortait de la terre,
augmentait l'illusion, et laissait dans l'ame
des spectateurs une impression profonde.

La pièce fut continuée partout avec le
même succès; le public témoignait sa satisfaction, et la chaleur, l'émulation des spectateurs semblaient croître à chaque scène.

CHAPITRE XIV.

La toile fut baissée, et des applaudissemens prolongés retentirent dans tous les
coins de la salle. Les quatre victimes royales
se relevèrent sur leurs pieds et s'embrassè-
rent de joie. Ophélie et Polonius sortant
aussi de leurs tombeaux, eurent le plaisir
d'entendre encore les bravos du public,
lorsque Horatio parut pour annoncer la représentation prochaine. On ne voulut point
lui permettre de parler d'une autre pièce,
on demandait à grands cris la reprise
d'Hamlet.

« La victoire est à nous, dit Jerlo, ainsi
ce soir pas un mot de raison. » — « Excellent début, dit le caissier en apportant une
caisse très-lourde; ce premier succès nous
portera bonheur. Mais où est donc le souper qu'on nous a promis? On peut bien se
régaler aujourd'hui. »

.Ils étaient convenus de rester en costume.

et de célébrer leur fête. Wilhelm fut chargé de choisir le local, et madame Mélina de commander le repas.

On transporta dans la salle à manger toutes les décorations disponibles, et tant d'ornemens divers, qu'elle avait l'air d'un jardin ou d'une galerie antique. A son entrée, la société fut éblouie par les flambeaux, qui, à travers les fumées odorantes d'un encens qu'on n'avait pas ménagé, répandait son éclat solemnel sur une table servie avec autant de pompe que d'élégance. On se récria sur la beauté de l'ordonnance, et chacun prit majestueusement sa place; on eut dit la famille royale qui soupait dans l'empire des ombres. Wilhelm était assis entre Aurélie et madame Mélina, Jerlo entre Elmire et Philine, chacun était content de soi-même, et de sa place.

La présence des deux amateurs vint encore augmenter la joie de l'heureuse société. Ils étaient venus plusieurs fois sur le théatre pendant la représentation, et parlaient avec enthousiasme de leur satisfaction particulière et de celle du public; les éloges furent distribués en détails à chacun

selon son mérite. Le fantôme, qui seul manquait au repas, eut aussi sa part d'éloges et
d'admiration. Quel heureux organe! quelle
profonde intelligence de son rôle! Comment avait-il pu si bien savoir tout ce qui
s'était passé parmi les acteurs. Il ressemblait
au portrait aussi parfaitement que s'il eut
servi de modèle à l'artiste, et nos deux amateurs vantaient surtout l'imposante beauté
de la scène, où le fantôme parait près du
tableau, et se place près de son image. En
ce moment l'illusion et la réalité s'étaient
confondues, et l'on avait cru qu'en effet la
reine ne voyait que l'une des deux figures.
Madame Mélina fut comblée d'éloges pour
avoir à ce passage levé les yeux sur le portrait, tandis que Wilhelm abaissait ses regards sur le fantôme.

Mais comment ce dernier avait-il pu s'introduire? On apprit du machiniste que deux
hommes d'une haute taille, couverts de
manteaux blancs et de capuchons, et qu'on
ne pouvait distinguer l'un de l'autre, étaient
entrés par une porte de derrière, ordinai-
rement bouchée par les décorations, mais
qui se trouvait libre ce jour-là, parce qu'on

avait eu besoin de la salle gothique. A la
fin du troisième acte ils étaient probable-
ment sortis par la même porte.

Dans les plaisirs du festins, on n'avait
pas remarqué l'absence des enfans et du
joueur de harpe ; ils firent bientôt une
joyeuse entrée. Ils arrivèrent tous les trois
dans un costume étrange ; Félix jouait du
triangle, et Mignon du tambourin, le vieillard portait sa harpe suspendue à son cou,
et en tirait de temps en temps quelques
sons. Tous les trois marchaient autour de
la table en chantant. On leur offrit de bons
morceaux, et les convives, pensaient qu'ils
ne pouvaient faire un plus grand plaisir
aux enfans que de leur donner du vin
doux autant qu'ils en pourraient boire.
La compagnie elle-même avait large-
ment fait honneur aux vins délicats, dont
quelques douzaines de bouteilles venaient
d'arriver en panier, grâce à la générosité
des deux amateurs. Les enfans continuaient
leurs chants et leurs jeux, et Mignon surtout était d'une gaîté folâtre qu'on ne lui
connaissait pas : vive et gracieuse, elle faisait retentir son tambourin, tantôt son doigt

glissait légèrement sur la peau sonore, tantôt elle le frappait du revers de la main ou
de son poing fermé ; tout-à-coup changeant
de mesure elle battait avec le parchemin sa
tête ou ses genoux, ou n'agitait que les
joyeux grelots, et tirait ainsi des sons va-
riés d'un instrument si simple. Après avoir
fait bien du bruit, les deux enfans s'assirent
en face de Wilhelm dans un fauteuil qu'on
avait laissé vide.

« Laissez ce fauteuil, dit Jerlo, il est ré-
servé pour le fantôme : s'il vient, malheur
à vous ! » « Je ne le crains pas, dit Mignon ;
s'il vient, nous nous en irons : c'est mon
oncle, il ne me fait jamais de mal. » Personne ne comprit ces paroles, excepté celui
qui savait qu'elle avait appelé son père
adoptif le grand diable. On se regardait
mutuellement, et ces paroles ne permettaient plus de douter, comme on l'avait
soupçonné d'abord, que Jerlo n'en sût, au
sujet du fantôme, plus qu'il n'en voulait
dire. Les hommes buvaient, babillaient, et
les dames regardaient de temps en temps la
porte en tremblant. Mignon était gaie jusqu'à l'extravagance ; et les spectateurs, qui

avaient commencé par s'amuser de ses jeux,
se virent enfin obligés de modérer ses transports. Mais tous les discours furent inutiles;
dans son délire, elle sautait, frappait son
tambourin, courait autour de la table; ses
cheveux flottans, sa tête renversée en ar-
rière, et ses membres comme suspendus en
l'air lui donnaient l'aspect d'une de ces
bacchantes dont les poses étranges et inex-
plicables nous frappent d'étonnement, lorsque nous les contemplons dans les monu-
mens antiques.

Excité par le talent et les joyeux ébats
des deux enfans, chacun voulait pour sa
part contribuer à l'amusement de la compagnie : les dames chantèrent un Canon,
Laerte un Rossignol, et le pédant fit entendre un concert *pianissimo* sur la guim-
barde. Cependant voisins et voisines jouaient
à de petits jeux, où les mains se rencon-
traient et s'égaraient, et plus d'un couple
amoureux se donnnait des signes non équi-
voques de tendresse et d'espérance. Madame Mélina surtout ne faisait point mystère de son penchant pour Wilhelm. Il était
déjà tard ; Aurélie, qui seul était restée

maîtresse d'elle-même, se leva pour faire comprendre qu'il était temps de se retirer.

Wilhelm lui offrit la main, et sur l'escalier ils rencontrèrent le machiniste : «Voici, leur dit-il, le voile du fantôme, il est resté dans la trappe où nous venons de le trouver.» «Précieuse relique! dit Wilhelm, en le prenant.»

En ce moment quelqu'un le saisit au bras et il sentit une vive douleur. Mignon s'était mise en embuscade, s'était élancée sur lui et venait de le mordre. Elle descendit l'escalier et disparut.

Wilhelm arrivé dans sa chambre, se déshabilla, éteignit la chandelle et se mit au lit. Il allait s'assoupir, lorsqu'un bruit qu'il crut entendre dans sa chambre derrière le poële, réveilla son attention. Son imagination échauffée voyait déjà le vieux monarque avec sa lourde armure, il allait se lever pour adresser la parole au vieux fantôme, lorsqu'il se sentit entouré de deux bras délicats; une bouche amoureuse ferme la sienne, un beau sein palpite sur son cœur, il n'a pas la force de le repousser.

CHAPITRE XV.

Le lendemain matin Wilhelm s'étendait dans tout son lit, fort mécontent et fort étonné de le trouver vide. Le sommeil n'avait pas encore dissipé toutes les vapeurs du joyeux souper, sa tête était lourde, mais surtout la tendre visite de l'inconnue avait troublé toutes ses idées. Ses premiers soupçons tombèrent sur Philine, cependant il ne croyait pas reconnaître en elle le joli corps de femme qu'il avait serré dans ses bras. Fatigué d'amour et de caresses, il s'était endormi près de sa compagne muette et mystérieuse, mais comptant bien la retrouver. Il sauta en bas de son lit, et vit en s'habillant que la porte, qu'il avait coutume de fermer au verrou, était entr'ouverte ; il ne pouvait dire s'il avait eu soin de la fermer la veille.

Mais ce qui l'étonnait plus encore, c'était le voile du fantôme étendu sur son lit ; il l'y avait sans doute placé lui-même. C'était un crêpe gris : sur la bordure il crut voir des caractères brodés en noir, il le déploya et lut ces mots : *pour la première et dernière fois, fuis ! jeune homme, fuis !* Qui pouvait donc lui donner un pareil avis ?

Dans ce moment Mignon parut et lui apporta son déjeûner. Wilhelm à son aspect ne pût se défendre d'un trouble involontaire, et même d'un espèce d'effroi. Il semblait qu'elle eût grandi pendant la nuit, elle s'avançait, fière et la tête levée, et fixant sur lui des yeux sévères dont il ne pût soutenir les regards. Elle ne vint pas comme autrefois le caresser, lui prendre la main, lui baiser les joues, la bouche, le bras ou le cou; elle fit son service et se retira sans dire un mot.

Le moment de la représentation venu, on se rassembla, mais tous étaient maussades et tristes du bonheur de la veille. Wilhelm tâcha de faire bonne contenance pour ne pas déroger si vite aux principes qu'il avait prêchés si haut. Ses exercices assidus lui furent alors d'un grand secours, car dans tous les arts l'exercice et l'habitude doivent remplir les vides que laissent le génie ou la mauvaise humeur.

Le jour se passa dans ces occupations, et jamais jour n'avait paru plus long à Wilhelm. Le soir on ne s'amusait plus comme à l'ordinaire, on se permettait de bailler, Hamlet n'excitait plus aucun intérêt, et c'était même un supplice d'être forcé de jouer encore Hamlet à la prochaine représentation. Wilhelm montra le voile du fantôme d'où l'on conclut qu'il ne devait plus reparaître. Jerlo fut du même avis, il avait l'air d'être bien informé de toutes les intentions de l'ombre; mais cependant on ne pouvait s'expliquer ces mots : *fuis ! jeune homme, fuis !* Comment supposer que Jerlo put avoir des intelligences avec un homme qui montrait le désir d'éloigner le plus brillant sujet de sa troupe ?

On était forcé de confier le rôle de l'ombre au grondeur, et celui du roi au pédant. Tous deux assurèrent qu'ils avaient bien étudié leur partie et qu'on ne devait pas s'en étonner; avec tant de répétitions et de discussions savantes, ils avaient eu le temps de faire connaissance avec la pièce, et

4.

même ils la connaissaient si bien, qu'ils pouvaient tirer tous les rôles au sort. Pour être plus sûr de leur talent, on se dépêcha de les essayer, et l'on se quitta fort tard. Philine dit tout bas à Wilhelm en le quittant : « j'irai chercher mes mules, tu ne fermeras pas les verroux. » Revenu dans sa chambre, ces mots le mirent dans un étrange embarras. Philine était donc le fantôme de la dernière nuit! et ses premiers soupçons semblaient se confirmer. Il se promenait à grands pas dans la chambre et n'avait point fermé les verroux.

Tout-à-coup Mignon se précipite dans la chambre et le saisit par le bras en criant : « Meister, sauve la maison! elle brûle! » Il court à la porte, la fumée montait en épais tourbillons. On entendait déjà dans la rue les cris d'alarme; le joueur de harpe, son instrument à la main, traverse en descendant la fumée qui l'étouffe. Aurélie sort de sa chambre et lui jette le petit Félix dans les bras de Wilhelm.

« Sauvez l'enfant! crie-t-elle, nous allons nous occuper du reste. »

Wilhelm, qui d'abord n'avait pas cru le

danger si pressant, voulait pénétrer au foyer
de l'incendie et l'éteindre dans son principe.
Il donna l'enfant au vieillard, et lui recom-
manda de descendre au jardin par l'escalier
de pierre qui conduisait dans un petit salon
d'été, et de se tenir avec les deux enfans
loin du danger. Pour lui, il pénétra dans la
maison ; mais ses généreux efforts furent inutiles. Tout-à-coup Mignon revient près de
lui en criant : « Meister, sauve ton enfant !
le vieillard est furieux, le vieillard l'égorge.»
Wilhelm, hors de lui-même, descend avec
précipitation, et Mignon suit ses pas.

Il s'arrête, saisi d'horreur, sur la dernière
marche de l'escalier du salon d'été : des
bottes de paille et des fagots, qu'on venait
d'entasser et d'allumer, jetaient une vive lumière. Félix, étendu près du feu, criait au
secours ; et le vieillard se penchait sur lui,
la tête tournée du côté du mur. « Malheureux ! que fais-tu ? lui crie Wilhelm. » Le
vieillard ne répond pas. Mignon relève Félix
et le traîne avec peine dans le jardin ; Wilhelm, dont les cheveux et les sourcils sont
brûlés comme la barbe du vieillard, est forcé
de suivre les deux enfans, et entraîne avec

lui, à travers les flammes, le malheureux
qui lui résiste. Il prend Félix dans ses bras,
le questionne, l'examine, et ne peut se faire
expliquer cette scène affreuse.

Cependant l'incendie gagnant les maisons
voisines, éclairait toute la campagne. Wilhelm regardait son enfant à la lumière des
flammes : celui-ci, oubliait peu à peu sa
douleur, admirait déjà l'incendie; et voyant
le feu se communiquer aux poutres et aux
charpentes, regardait avec joie cette belle
illumination.

Wilhelm ne pensait point à ses costumes,
aux objets qu'il pouvait perdre; il sentait
fortement tout son amour pour les deux
créatures qu'il venait d'arracher à la mort.
Il pressait Félix sur son cœur avec un sentiment qu'il n'avait pas encore éprouvé, et
voulait aussi, dans la joie de sa tendresse,
serrer Mignon sur son sein; mais elle le re-
poussa doucement, lui prit la main et la tint
serrée dans les siennes.

« Meister, lui dit-elle (c'était la première
fois qu'elle l'appelait ainsi), Meister, nous
avons couru de grands dangers : ton Félix
allait mourir. »

Wilhelm apprit d'elle, à force de questions, que le joueur de harpe, arrivé dans le salon, lui avait arraché la chandelle des mains, et mit le feu à la paille. Ensuite il avait renversé Félix, mis ses mains sur la tête de l'enfant avec des gestes affreux, et tiré de sa poche un couteau comme pour l'égorger. Elle s'était élancée et lui avait arraché le couteau des mains : à ses cris quelqu'un de la maison qui transportait des meubles dans le salon d'été, était venu la secourir, et l'avait aussitôt quittée dans son trouble, laissant encore une fois seuls le vieillard et Félix.

Déjà trois maisons étaient la proie des flammes : Wilhelm craignait moins pour ses effets que pour ceux de ses amis. Il resta quelques heures dans cette pénible situation. Félix s'était endormi dans ses bras, Mignon était couchée près de lui et tenait toujours sa main. Enfin, à force de travaux, on se rendit maître du feu. Les bâtimens que la flamme avait consumés s'écroulaient avec fracas : le jour approchait, les enfans avaient froid, et lui-même, habillé très-légèrement, souffrait de la fraîcheur de la

rosée. Il se rapprocha des débris fumans,
et les deux enfans se réchauffèrent près
d'un monceau de charbons et de cendres.

Le jour naissant réunit peu à peu les amis
de Wilhelm : tous étaient sauvés , et n'a-
vaient perdu que peu de chose.

On retrouva le coffre de Wilhelm, et
Jerlo, vers dix heures du matin, engagea
tout son monde à faire une répétition d'Hamlet. Il eut quelques démélés avec la police.
Le clergé prétendait, qu'après un incendie
allumé par la vengeance divine, on devait
fermer le théâtre; et Jerlo soutenait, que
pour se dédommager des pertes de la nuit,
et pour ranimer le courage des habitans
consternés, il était plus à propos que jamais
de jouer une pièce intéressante. Son avis
prévalut, et la salle fut bientôt pleine. Les
acteurs mirent dans leur jeu plus de chaleur,
de passion et de franchise qu'à la première
représentation. Le grondeur joua le fantôme avec les idées de l'inconnu, et le pédant avait aussi fort bien observé le jeu de
son prédécesseur; son air misérable convenait parfaitement à son rôle, et semblait
justifier les paroles d'Hamlet, quand celui-

ci, en dépit du manteau de pourpre et du collet d'hermine, lui reprocha ses haillons de roi mal cousus.

Jamais peut-être souverain plus ridicule ne s'était assis sur un trône : quand ses camarades, et surtout Philine, voulurent s'égayer aux dépens de sa nouvelle dignité, il leur rappela que le comte, connaisseur si distingué, lui avait pourtant prédit, dès la première vue, les succès les plus flatteurs.

« Soyez plus humble, répondit Philine, et ne me forcez pas de poudrer votre habit, pour vous rappeler aussi certaine nuit du château, et vous apprendre à porter le diadème avec plus de modestie. »

CHAPITRE XVI.

On avait cherché à la hâte de nouveaux logemens, et la société s'était dispersée. Wilhelm venait de s'établir dans un pavillon à l'extrémité du jardin, et Aurélie se trouvant à l'étroit dans sa nouvelle demeure,

l'avait prié de garder avec lui, Félix, que
Mignon ne voulait plus quitter.

Le soir Wilhelm, ne pouvant dormir
comme ses deux enfans, descendit dans le
jardin : la lune venait de se lever et l'éclairait de toute sa lumière. Près de là les ruines
de la veille fumaient encore, l'air était frais
et la nuit très-belle.

Qu'était devenu le joueur de harpe qu'on
n'avait plus revu? Wilhelm craignait bien
qu'on ne retrouvât son corps sous les débris
de la maison. Il avait caché ses soupçons à
tout le monde, mais il croyait que le vieillard seul était l'auteur de ces affreux désas-
tres. Ne venait-il pas, quand Wilhelm l'a-
vait rencontré, de la partie de la maison
d'où sortaient les flammes et la fumée, et
son délire dans la grange n'était-il pas l'effet du désespoir et des remords?

Ainsi réfléchissait Wilhelm assis dans un
bosquet : tout-à-coup quelqu'un s'approche dans une allée voisine, et chante, avec
l'accent de la douleur; c'était le vieillard.
Ses chants, qu'il était facile de comprendre,
exprimaient la triste joie d'un malheureux

qui se console de son infortune en sentant qu'il va perdre la raison.

Il est à regretter que Wilhelm n'en ait conservé que la dernière strophe :

« J'avancerai sur le seuil des chaumières
» Humble et muet, demanderai mon pain,
» Et soutenu par des mains étrangères
» Sans vouloir plus, poursuivrai mon chemin.
» Chacun alors dira : je suis heureux,
» De mes lambeaux regardant la poussière ;
» Des pleurs peut-être humecterons leurs yeux ;
» Pourquoi pleurer ; pleurent-ils ma misère !

A ces mots il s'était approché d'une porte du jardin qui donnait sur une rue écartée. La trouvant fermée il voulut monter sur le mur en s'appuyant aux espaliers, mais Wilhelm le retint par sa robe et le pria de rester en termes fort doux. «Ouvrez-moi la porte, dit le vieillard, je veux fuir, je le dois. » Wilhelm lui représenta qu'il pourrait bien sortir du jardin, mais non pas de la ville, qu'une pareille fuite l'exposerait aux soupçons; mais tous les moyens de persuasion furent inutiles. Le vieillard s'obstinait dans son dessein. Wilhelm ne se laissa point fléchir et se vit forcé de l'entraîner par la violence et de l'enfermer avec lui dans le pavillon.

CHAPITRE XVII.

WILHELM se trouvait fort embarrassé sur le parti qu'il avait à prendre à l'égard du malheureux vieillard dont la raison s'égarait si visiblement, et Laerte vint fort à propos à son secours.

Laerte se trouvant partout à la fois, par ancienne habitude, venait de voir au café un homme qui, depuis quelque temps, avait de violens accès de mélancolie. On l'avait mis entre les mains d'un pasteur de campagne qui s'occupait spécialement de guérir les aliénés. Le traitement avait fort bien réussi ; le pasteur était encore dans la ville et venait de ramener le malade à sa famille, qui lui témoignait toute sa reconnaissance.

Wilhelm alla sur-le-champ trouver l'ecclésiastique, lui confia l'affaire et fit ses conventions. La séparation fut douloureuse pour Wilhelm, l'espoir de voir le vieillard bientôt rétabli pouvait seul le consoler de son absence, tant il avait pris l'habitude de le voir près de lui, et d'entendre sa voix noble et touchante. Il avait perdu sa harpe dans l'incendie; on s'occupa de la remplacer, et il ne partit pas sans son instrument.

Le feu avait aussi consumé la petite garderobe de Mignon, et quand il fut question de lui chercher d'autres vêtemens, Aurélie proposa de lui donner enfin des habits de femme.

« Jamais! dit Mignon. » Elle voulut à toute force garder son ancien costume, et l'on ne put vaincre son opiniâtreté.

La troupe n'avait pas le temps de respirer, les représentations se succédaient rapidement.

Wilhelm allait souvent écouter les jugemens du public, mais le public disait rarement ce que Wilhelm voulait entendre, et très souvent ce qui pouvait l'affliger et le désespérer. C'est ainsi qu'après la première représentation d'Hamlet, un jeune homme racontait avec chaleur comment il avait passé au spectacle une soirée délicieuse : Wilhelm écoutait : quelle fut sa confusion quand il apprit que le jeune homme, pour faire enrager ses voisins de derrière, avait tenu son chapeau sur sa tête, et l'avait tenu bravement pendant toute la pièce, exploit qu'il se rappelait avec une vive satisfaction.

« Quel jeu parfait ! criait un autre avec enthousiasme, dans la scène d'Hamlet avec sa mère ; mais il est bien malheureux que, dans un moment si pathétique, un ruban fort indiscret soit sorti de dessous l'habit d'Hamlet, pour gâter une si belle illusion. »

Il y avait bien du changement dans la troupe. Depuis l'incendie, Philine n'avait pas témoigné le moindre désir de se rapprocher de Wilhelm : il semblait même qu'elle eût à dessein pris un logement fort éloigné. Elle restait avec Elmire et venait moins souvent chez Jerlo, au grand plaisir d'Aurélie. Jerlo, qui se sentait toujours pour elle beaucoup de bienveillance, allait souvent la voir, surtout quand il espérait trouver Elmire chez elle : un soir il y mena Wilhelm avec lui. Quelle fut leur surprise en ouvrant la porte, de voir dans la seconde chambre Philine dans les bras d'un jeune officier, en uniforme rouge, en pantalon blanc, mais dont la figure était tournée de l'autre côté. Philine vint dans la première chambre à la rencontre de ses deux amis, et ferma la porte de la seconde. « Vous me surprenez, dit-elle, dans une singulière aventure. »

« Singulière ! non pas, dit Jerlo : laissez-nous voir ce gentil militaire, le plus heureux des hommes. Vous avez fait notre éducation, nous ne sommes plus jaloux. »

« Je vous laisserai vos soupçons pour quelque temps, répondit Philine; mais je vous assure que ce jeune officier est une de mes amies, qui, souhaite passer quelques jours chez moi dans le plus grand incognito. Vous apprendrez ses aventures par la suite; peut-être même vous permettra-t-elle de faire sa connaissance; et c'est alors que j'aurai besoin de toute ma discrétion et de toute ma prudence, car on pourra bien oublier l'ancienne amie pour la nouvelle. »

Wilhelm était pétrifié : dès la première vue, l'uniforme rouge lui avait rappelé Marianne et le costume qu'il aimait tant : c'était sa taille, sa chevelure blonde, seulement le jeune officier paraissait un peu plus grand.

« Au nom du ciel, s'écria-t-il, laissez-moi voir votre amie ; laissez-moi voir cette femme déguisée. Nous connaissons déjà une partie de votre secret. Vous faut-il des promesses, des sermens ? Ordonnez, mais laissez-nous voir votre amie. »

« Quel feu ! dit Philine froidement ; résignez-vous, pour aujourd'hui c'est impossible. »

— « Eh bien ! du moins son nom ! »

— « Ce serait alors un joli secret ! »

— « Mais du moins son prénom ! »

— « Oui, si vous voulez le deviner, je vous donne trois coups, mais pas plus ; vous me feriez passer en revue tout le calendrier. »

— « A merveille : Cécile ? »

— « Point. »

— « Henriette ! »

— « Pas davantage. Prenez garde. Votre curiosité sera malheureuse. »

Wilhelm tremblait ; il hésitait ; la voix

lui manquait. « Marianne ! dit-il enfin en balbutiant, Marianne ! »

« Bravo ! vous y êtes, dit Philine en faisant une pirouette comme à l'ordinaire. »

Wilhelm ne disait plus rien; et Jerlo qui n'avait pas remarqué son agitation, pressait toujours Philine d'ouvrir la porte.

Tout-à-coup Wilhelm, à leur grande surprise, interrompit leur badinage, se jette aux pieds de Philine, la prie, l'implore avec l'expression de la passion la plus vive. « Laissez-moi voir cette femme, elle est à moi, c'est ma chère Marianne ! Celle que j'ai désirée chaque jour de ma vie, et qui maintenant encore me tient lieu de toutes les femmes. Allez du moins lui parler, dites que je suis près d'elle, qu'il est ici, l'homme qui lui donna les premiers sentimens, et lui dût tout le bonheur de sa jeunesse. S'il a pu l'abandonner, il veut se justifier, il veut obtenir son pardon, il veut lui pardonner aussi les torts qu'elle pourrait avoir. Il n'a plus de prétentions sur elle, mais du moins qu'il la voie encore, qu'il entende de sa bouche qu'elle vit et qu'elle est heureuse. »

« Plus bas ! dit Philine en secouant la tête; ne nous abusons point, si cette femme est réellement votre amie, il faut la préparer à l'entrevue, car elle ne s'attend pas à vous voir; d'autres affaires l'amènent ici, et vous savez qu'il est des circonstances où l'on aimerait mieux voir un spectre, qu'un amant qu'on n'attend plus. Demain vous recevrez un billet qui vous dira quand il faut venir, et s'il faut venir. Soyez obéissant, car je vous jure que personne ne verra malgré nous cette aimable créature. Ma porte sera bien fermée, et si vous voulez l'ouvrir, venez me rendre visite, la hache à la main. »

On peut se faire une idée de l'agitation de Wilhelm pendant la nuit. Le jour se traînait avec la même lenteur et point de billet. Pour comble de disgrâce, il fallait qu'il jouât le soir même; il n'avait jamais enduré pareil supplice. La pièce finie, il courut chez Philine sans réfléchir qu'il n'avait pas reçu le billet. Les portes étaient fermées, et les gens de la maison lui dirent que Mademoiselle était partie de bonne heure en poste avec un jeune offi-

cier ; qu'elle avait bien parlé de revenir
dans quelques jours, mais qu'on ne pouvait l'espérer, parce qu'elle avait réglé tous
ses comptes et emporté tous ses effets.

Wilhelm hors de lui-même à cette nouvelle, courut chez Laerte et lui proposa,
quoiqu'il en pût coûter, de se mettre à la
poursuite de Philine, et de savoir la vérité
sur son compagnon de voyage. Laerte fit
voir à son ami que la passion le rendait trop
crédule : « Je parierais, dit-il, que ce bel
officier, c'est Frédéric. C'est un garçon de
bonne maison, j'en suis convaincu; il est
amoureux, fou de la Demoiselle; il aura
sans doute tiré de sa famille assez d'argent
pour vivre quelque temps avec elle. D'ailleurs partie depuis douze heures, comment
espérer de la rejoindre? et puis Jerlo ne peut
se passer ni de vous ni de moi. »

D'après tous ces motifs, Wilhelm voulut
bien renoncer à poursuivre en personne
les deux fugitifs. Laerte sut dans la même
nuit lui procurer un homme très-intelli-
gent, qu'on pouvait charger de la commission. C'était un agent sûr qui, après avoir
servi plusiurs princes en qualité de conduc-

teur ou de courrier, ne faisait plus rien
pour se reposer de ses voyages, Wilhelm
vit sur-le-champ le courrier monter à cheval, et après avoir pris contre les déserteurs
cette demi-mesure, il se sentait un peu
plus tranquille.

CHAPITRE XVIII.

.L'ABSENCE de Philine ne fit pas grande
sensation sur le théâtre ni dans le public.
Elle avait peu de zèle; les femmes la détes-
taient généralement, les hommes auraient
mieux aimé la voir en tête à tête que sur
la scène: ainsi son beau talent, ses heu-
heuses qualités dramatiques étaient perdues
pour la troupe.

Tous les emplois se trouvaient occupés
par l'arrivée de quelques nouveaux comédiens : Wilhelm et Jerlo agissaient chacun
à leur manière, l'un surveillait dans chaque
pièce l'esprit et le ton de l'ensemble, l'autre perfectionnait scrupuleusement les dé-

tails; un zèle généreux animait toute la
troupe, et le public s'intéressait vivement à
leurs succès. Wilhelm et Jerlo avaient bien
parfois quelques altercations, mais sans
conséquence ; Wilhelm et le plus grand
nombre de ses camarades prenaient parti
pour Shakespeare : Jerlo et quelques autres pour le Théâtre-Français. Il avait été
convenu que dans les heures de loisir, (et
les comédiens en ont tant) on parcourrait
en petit comité les pièces les plus fameuses
des deux théâtres, en remarquant ce qu'elles
avaient de meilleur, et ce qu'on en pouvait imiter.

On commença par quelques pièces françaises, et chaque fois qu'on préparait la
lecture, Aurélie s'éloignait. D'abord on la
crut malade, mais Wilhelm étonné de cette
bizarrerie, lui en demanda la cause.

« Je n'assisterai jamais à de pareilles lec-
tures, dit-elle ; je hais la langue française
du plus profond de mon ame. »

— « Comment peut-on haïr une langue à
qui nous devons en grande partie les progrès de la nôtre, et dont nous aurons encore

long-temps besoin, avant d'avoir pu nous donner une forme originale? »

—« Ce n'est point un préjugé. Le malheur seul, le souvenir d'une infidélité maudite, ont détruit pour moi les charmes de cette langue si belle et si parfaite, que j'aimais comme vous. Oui je la hais de toute mon ame. Tout le temps que dura notre douce intimité, mon amant m'écrivait en allemand, dans cet allemand si vrai, si énergique et si cordial: Quand il voulut m'abandonner, il écrivit en français, ce qu'il n'avait encore fait que par plaisanterie. Je compris ses projets: ce qu'il eut rougi d'exprimer dans sa langue maternelle, celle-là lui donnait le privilége de l'écrire sans blesser sa conscience. C'est un langage admirable de restrictions, de réserves, d'artifices; c'est une langue *perfide*. Dieu soit loué! je n'aurai pu trouver de mot allemand, pour rendre perfide dans toute son acception. Notre pauvre *treulos* a près de lui toute l'innocence d'un enfant. Perfide, c'est trahir avec volupté, avec insolence, avec joie maligne. O qu'on doit porter envie à la nation dont la langue est assez riche pour qu'un seul mot

exprime des nuances si délicates! Le français est bien la langue du monde : elle mérite de devenir la langue universelle, afin
que tous les hommes puissent à leur aise se
tromper et se trahir. Ses lettres françaises
ne laissaient pas d'être fort agréables, et
même si l'on voulait y mettre de la complaisance, elles paraissaient d'abord pleines de
chaleur et de passion; mais en y regardant
de près, ce n'étaient que des phrases et des
phrases maudites. C'est à lui que je dois de
haïr la langue et la littérature française ; je
hais dans cette langue jusqu'aux expressions,
les plus belles et les plus délicates des ames
les plus généreuses; je frisonne quand j'entends un seul mot français. »

Elle eut pendant des heures entières
exhalé ses ressentimens dans les mêmes
termes, interrompu toute autre conversation, attristé tous ceux qui l'écoutaient.
Mais tôt ou tard Jerlo, non moins amer
qu'elle même, arrêtait ces tristes épanche-
mens, et l'on ne pouvait plus de la soirée
reprendre le premier entretien. Philine
était bien plus nécessaire qu'on ne l'avait
cru d'abord. Elle savait par son adresse amu-

ser Jerlo, adoucir par sa patience l'apreté
d'Aurélie, et sa principale occupation était
de flatter Wilhelm. Elle était donc comme
le lien de la société; sa perte se fit bientôt
sentir.

Jerlo ne pouvait vivre sans quelque petite intrigue amoureuse. Elmire qui gran-
dissait tous les jours, et qu'on pouvait
même appeler une belle personne, était
devenue l'objet de son attention, et Philine
avait eu la sagesse de favoriser cette passion
qu'elle avait sans peine remarquée. On doit,
disait-elle, se mettre de bonne heure à l'intrigue, c'est tout notre mérite quand nous
vieillissons. Elmire et Jerlo, rapprochés
par son entremise avaient bien vite été d'intelligence après son départ, et le petit roman les intéressait d'autant plus qu'il fallait faire un mystère de leurs plaisirs au
vieux grondeur qui n'entendait pas la plaisanterie sur les commerces illégitimes.

La sœur d'Elmire était seule dans la con-
fidence, et Jerlo se voyait obligé de passer
bien des choses aux deux demoiselles. Un
de leurs plus grands défauts était une gour-
mandise excessive, on pourrait même dire

une gloutonnerie insupportable, bien différentes en celu de Philine, qui déjà séduisante par tant d'attraits, semblait vivre d'air et mangeait fort peu, ne se permettant que le vin de Champagne qu'elle avalait avec une merveilleuse élégance.

Le pauvre Wilhelm était obligé d'entendre d'un côté les plaintes d'Aurélie sur la dissipation de son frère; de l'autre il n'entendait pas les demi-mots de Jerlo qui voulait l'amener tout doucement à épouser sa sœur. Il lui fallait encore dévorer son chagrin; le courrier qu'il avait envoyé à la poursuite du mystérieux officier ne revenait pas, ne donnait pas de ses nouvelles, et notre ami craignait d'avoir perdu Marianne une seconde fois.

A cette époque un deuil général ayant fermé le théâtre pour quelques semaines, il profita de ces vacances pour aller voir le bon pasteur chez qui le joueur de harpe était en pension. Il arriva dans un joli village, et le premier objet qu'il vit dans la cour du presbytère, était le vieillard donnant une leçon de harpe à un petit garçon. Heureux de revoir Wilhelm, il se leva et

lui tendit la main en lui disant : vous le
le voyez; je suis encore bon à quelque chose
dans ce monde; vous me permettrez de
donner ma leçon : les heures sont réglées.
Le pasteur reçut Wilhelm de la manière la
plus affable, lui dit qu'il y avait déjà dans
le vieillard un bon changement, et qu'on
pouvait compter sur une guérison parfaite.

La conversation s'engagea naturellement
sur la méthode de traiter la folie.

« Mettant à part le physique qui souvent
nous oppose d'invincibles obstacles, je
trouve le traitement fort simple, dit l'ecclésiastique; c'est le même que l'on emploie
pour empêcher un homme dans son bon
sens de tomber en démence. Il faut l'entretenir dans une activité continuelle, l'accou-
tumer à un ordre journalier, lui persuader
que son existence et sa destinée lui sont
communes avec des milliers de ses semblables; qu'un talent extraordinaire, qu'une
haute fortune, qu'une adversité subite ne
sont que de légers écarts de la marche con-
stante des choses : c'est ainsi que vous pré-
viendrez l'aliénation, ou que vous lui ren-
drez la raison s'il l'a perdue. J'ai réglé les

occupations du vieillard; il donne à quelques enfans des leçons de harpe, il aide le
jardinier dans ses travaux, et déjà il est
beaucoup moins sombre. Il veut manger
des choux qu'il a plantés; il veut faire de
mon fils un bon musicien, et l'enfant devant hériter de sa harpe en cas de mort, il
veut qu'il soit en état de s'en servir. Je travaille sur lui tout doucement; si je puis obtenir qu'il renonce à sa longue barbe et à
sa longue robe, j'aurai tout gagné : car on
est toujours très-près de la folie quand on
affecte de se distinguer des autres, et le
meilleur moyen de conserver le sens commun, c'est de vivre de la vie commune. »

Le médecin vint encore animer la conversation. C'était un vieillard d'une santé faible,
mais qui n'en avait pas moins consacré de
longues années de sa vie à l'exercice des plus
nobles devoirs : grand ami de la campagne,
ne pouvant vivre qu'en plein air, très-socia-
ble et très-actif, et se liant surtout de préférence avec les pasteurs de village. S'ils
avaient quelques occupations utiles , il les
aidait de tout son pouvoir; s'ils étaient encore incertains sur le choix de leurs tra-

5.

vaux, il leur inspirait tel ou tel goût ; se
trouvant en rapport avec les gentilshommes,
les baillis et la justice, il avait, dans une pé-
riode de vingt années, rendu secrètement de
grands services à l'agriculture, à l'économie
rurale , importé dans les villages toutes les
bonnes recettes pour les champs, les bêtes et
les hommes , et répandu dans la campagne
les véritables lumières du siècle. « Point de
plus grand malheur pour l'homme, disait-
il , que d'avoir une seule idée fixe qui n'ex-
cite point son activité, ou plutôt qui l'empêche d'agir. J'en ai présentement un exemple bien malheureux de deux époux riches
et illustres pour qui tout mon art est im-
puissant : l'affaire est presque de votre ressort, cher pasteur, et je puis parler sans
crainte devant ce jeune homme.»

» En l'absence d'un gentilhomme on revêt
un jeune homme de ses habits, plaisanterie
qui n'était pas fort innocente. On voulait
par-là tromper son épouse, et quoiqu'on
m'ait raconté l'affaire comme une espiégle-
rie, je crains bien qu'on n'eût en effet l'intention de faire faire un faux pas à cette
dame aussi vertueuse qu'aimable. Mais le

mari revient tout-à-coup, entre dans sa chambre, croit se voir lui-même, et depuis ce temps là, plongé dans une sombre mélancolie, il est convaincu que sa mort est prochaine.

» Il s'abandonne à des personnes qui, pour le flatter, lui parlent sans cesse de religion; il n'a pas d'enfans, et je ne crois pas qu'on puisse le détourner aujourd'hui d'entrer avec sa femme dans la confrérie des hernutes, et de priver ainsi sa famille d'une grande partie de sa fortune.»

« Avec sa femme! s'écria Wilhelm, qui craignait d'entendre le reste. »

« Il n'est que trop vrai, dit le médecin qui n'avait vu dans l'exclamation de Wilhelm qu'un élan de sensibilité généreuse.

»Cette dame, dont la douleur est plus profonde que celle de son mari, consentira sans peine à quitter la société. Au moment où le jeune homme prenait congé d'elle, elle n'a pas la force de lui cacher une passion secrète : il s'enhardit, la serre dans ses bras et presse avec force sur le sein de la dame un gros médaillon qui renfermait le portrait de son époux, garni de brillans.

D'abord elle sent une vive douleur qui produit une rougeur légère et ne laisse plus
aucune trace. En morale, je suis convaincu
qu'elle n'a rien de plus à se reprocher ; en
médecine, je suis certain que la pression
n'aura pas de suite fàcheuse : n'importe, on
ne peut lui ôter de l'esprit que la partie
comprimée s'est endurcie, et quand pour
guérir son imagination ma main touche la
partie lésée, elle soutient que si la douleur
n'existe pas, c'est dans ce moment là seulement, tant elle s'est fortement persuadée
que le mal finirait par un cancer. Sa belle
jeunesse et ses grâces sont perdues pour le
monde et pour elle-même. »

« Malheureux que je suis ! s'écria Wilhelm en se frappant la tête. » Il sortit et se
sauva dans la campagne.

Le médecin et le pasteur, frappés d'une
découverte aussi inattendue, eurent beaucoup de peine à le calmer, lorsqu'il revint
le soir, et leur fit l'aveu détaillé de sa faute,
en se reprochant avec amertume le malheur de la comtesse. Entraîné par l'impression du moment, il leur peignit ensuite sa
position sous les couleurs les plus noires,

et tous deux lui prodiguèrent les consolations de la plus sincère amitié.

Le lendemain, le médecin consentit sans peine, sur la prière de Wilhelm, à l'accompagner à la ville pour porter les secours de son art à Aurélie qui se trouvait au départ de son ami dans une position assez alarmante.

Le mal était effectivement plus grand qu'ils ne l'avaient cru. Elle avait une fièvre intermittente dont les accès étaient d'autant plus dangereux qu'elle prenait plaisir elle-même à entretenir et fortifier sa maladie. L'étranger ne lui fut pas présenté comme médecin, et fut avec elle aussi prudent qu'aimable. On parla de l'état de son corps et de son ame, et son nouvel ami lui raconta plusieurs histoires de personnes qui, attaquées de sa maladie, étaient cependant parvenues à une vieillesse très-avancée; « mais en pareil cas, dit-il, rien n'était plus dangereux que de remplir son imagination des souvenirs d'une passion malheureuse. » Il ne cacha point surtout que, dans un pareil état de souffrances où il n'était pas toujours possible de rétablir les forces du corps,

c'était un grand bonheur de pouvoir nourrir l'ame d'idées et de consolations reli-
gieuses. Tout cela fut raconté d'une manière
très-délicate et sous la forme d'anecdotes : il
promit à ses nouveaux amis de leur faire
lire un manuscrit fort intéressant qu'il tenait
des mains d'une excellente amie qui n'était
plus de ce monde. « J'y attache le plus grand
prix, dit-il, et je vous confierai l'original
même; le titre seul est de ma main : *Con-
fessions d'une belle ame.* »

Quelque temps après le départ du médecin, on commença les représentations
d'*Émilie Galotti*. Aurélie avait joué le rôle
d'Orsina comme jamais peut-être il ne sera
joué. Elle connaissait parfaitement son rôle,
et n'avait montré à la répétition qu'une
froide indifférence; mais au théâtre, ver-
sant dans son rôle toutes les douleurs qui
la dévoraient, elle offrit un spectacle que
le poëte lui-même n'eût point conçu dans
le premier feu de l'inspiration. Le public
récompensa par des applaudissemens sans
fin ses douloureux efforts; mais, après la
pièce, on la retrouva presque évanouie
dans un fauteuil.

Jerlo ne pouvait souffrir ce qu'il appelaitson exagération, cette manie de montrer son cœur à nu devant le public, qui du reste connaissait plus ou moins sa malheureuse histoire. Il avait déjà plusieurs fois témoigné son mécontentement, et toujours avec colère, en grinçant des dents ou en frappant des pieds. « Laissez-là, dit-il, quand il vit tout le monde s'empresser autour d'elle, elle va bientôt paraître nue sur le théâtre, et cette fois-là du moins les applandissemens seront mérités. »

« Ingrat! s'écria-t-elle, barbare! on me portera bientôt nue là où l'on n'entend plus les applaudissemens. » A ces mots, elle se leva et courut à la porte. Sa servante avait oublié son manteau; sa chaise à porteur n'était point là; il avait plu toute la soirée, et un vent glacial soufflait dans les rues. Toutes les prières furent inutiles, elle était irritée; elle marchait à pas lents, contente d'avoir froid, et respirant avec avidité l'air qui lui donnait la mort. Arrivée chez elle, elle était enrouée et ne pouvait dire un mot; mais elle ne dit point qu'elle se sentait dans la tête et dans le dos une raideur pesante. Bientôt sa langue fut comme paralysée, elle disait un mot pour l'autre. On la porta dans son lit; et, si la promptitude des remèdes chassait le mal d'un côté, il revenait de l'autre. Sa fièvre devint plus violente et son état fort alarmant.

Le lendemain matin, dans un moment de calme, elle fit appeler Wilhelm, et lui remit une lettre. « Depuis long-temps, lui dit-elle, cette lettre attendait pour partir l'heure qui est arrivée. Je sens que je touche au terme de ma vie; promettez-moi de remettre vous-même cette lettre à l'ingrat, et de venger sur lui mes douleurs par quelques paroles. Il n'est pas insensible; et ma mort du moins l'affligera quelque temps. »

Wilhelm se chargea de la lettre, voulut la consoler, éloigner de son esprit l'idée de la mort.

« Non, dit-elle, ne m'ôtez point ma plus chère espérance. Je l'ai long-temps attendue, et je veux lui faire bon accueil. »

On apporta bientôt le manuscrit (1) pro-

---

(1) Nous n'avons donné qu'une analyse de ce manuscrit qui est fort long.

mis par le médecin : elle pria Wilhelm d'en faire la lecture :

Aimer et souffrir, disait la vertueuse femme, auteur de ce manuscrit, avaient été ses premiers sentimens. Entraînée bientôt par son illustre famille au milieu des plaisirs de la capitale, étourdie quelque temps par le tourbillon du monde, elle avait senti s'éloigner d'elle l'ami invisible, Dieu, son premier confident.

« Je ne lui faisait plus, disait-elle en un passage, que des visites de cérémonie; pour paraître en sa présence, je mettais mes plus beaux habits, je lui montrais avec orgueil ma vertu, ma modestie et les avantages que je croyais avoir devant le monde ; mais on eut dit que dans mes brillans atours Dieu ne me voyait plus. »

Enfin, dégoûtée d'un monde qui n'était pas fait pour elle, qui contrariait dans son ame Dieu et ses plus doux penchans, elle avait osé braver l'empire du ridicule, renoncer au fiancé qui l'attendait à l'autel et prendre l'habit de chanoinesse. Privée de bonne heure de son père et de sa mère, elle était elle-même d'une santé faible et lan-

III.   6

guissante, mais qui la disposait aux douces émotions d'une vie mystique et contemplative. Retirée dans le château d'un vieil oncle, elle y voyait croître sous ses yeux les quatre enfans de sa jeune sœur qu'on avait mariée à un gentilhomme du voisinage. Natalie, l'aînée de ses deux nièces, avait, comme sa tante, une ame douce, sensible et charitable; la seconde promettait d'être un jour d'une beauté ravissante. Dans le château du vieil oncle vivait aussi un prêtre catholique français, homme bizarre et systématique, chargé de l'éducation des deux petits neveux. C'est au milieu de ce petit monde que cette digne femme avait vécu jusqu'à sa mort prématurée, mort douce et paisible, comme son caractère et ses vertus.

Wilhelm lisait avec plaisir l'intéressant manuscrit, dont la lecture produisait sur le cœur de la malheureuse Aurélie un effet si salutaire. Il ne savait point que des habitans de ce petit monde, il connaissait déjà les uns et connaîtrait bientôt les autres.

La douleur et l'agitation de notre pauvre amie se calmèrent tout à coup. Elle reprit sa lettre, en écrivit une autre dans une disposition d'esprit qui semblait plus douce ; et pria Wilhelm de consoler son amant, si la nouvelle de sa mort lui causait une douleur trop vive, de lui rapporter qu'elle était morte en lui pardonnant, en souhaitant son bonheur.

Depuis ce moment elle fut tranquille, occupée toute entière à profiter pour elle-même de quelques idées du manuscrit, et priant Wilhelm d'en relire certains passages. Ses forces décroissaient avec une effrayante rapidité, et Wilhelm, en revenant la voir un matin, la trouva morte.

Rempli d'estime pour Aurélie, habitué à vivre avec elle, cette perte lui fut bien douloureuse. Seul dans la troupe, elle avait toujours eu pour lui de l'amitié, et la froideur de Jerlo, dans les derniers temps surtout, était devenue très-sensible. Il se hâta de remplir les volontés d'Aurélie et il témoigna l'intention de s'absenter quelques jours. Il s'était fait une haute idée de sa mission. La mort de son amie l'avait profondément affecté; en la voyant descendre sitôt du théatre de la vie, il se sentait de la haine pour celui qui avait abrégé ses jours

et rempli ceux qu'il lui laissait de douleur
et d'amertume.

Quoiqu'Aurélie mourante eut prononcé
des paroles de pardon, il résolut, en pré-
sentant la lettre à son infidèle amant, de le
punir par un châtiment sévère, et, ne se fiant
pas à la puissance d'une parole improvisée,
il fit d'avance un discours plus touchant que
raisonnable. Quand il fut certain d'avoir
mis dans sa composition assez d'éloquence,
il fit ses préparatifs de voyage, en l'appre-
nant par cœur. Mignon, voyant le porte-
manteau, lui demanda s'il allait vers le Sud
ou vers le Nord. « Vers le Nord? dit-elle,
et bien, je reste ici pour t'attendre. » Elle
lui demanda le collier de perles de Mar-
rianne, il ne put le refuser à cette bonne
créature; elle avait déjà son fichu. De son
côté elle mit le voile du fantôme dans le
porte-manteau, quoique Wilhelm assurât
que ce voile était fort inutile en voyage.

Mélina se chargea de la régie du théâtre,
et sa femme promit de veiller comme une
mère sur les deux enfans dont Wilhelm s'é-
loignait à regret. Félix témoignait beaucoup de joie en lui disant adieu, et quand

Wilhelm lui demanda ce qu'il faudrait lui rapporter : « Écoute, répondit-il, apporte-moi...... un papa. » Mignon prit la main de son ami, et se levant sur la pointe des pieds, elle prit sur ses lèvres un baiser bien cordial et bien tendre, mais moins passionné qu'autrefois. « Meister, dit-elle, ne nous oublie pas, et reviens bientôt. »

Nous laisserons partir Wilhelm agité d'idées et de sentimens confus, pour faire connaître au lecteur quelques stances que Mignon avait plusieurs fois chantées avec une expression merveilleuse.

Ne m'interroge pas, laisse-moi mon silence ;
Si je cache un secret, le ciel m'en fit la loi :
Je voudrais te montrer mon cœur et sa souffrance,
Mais ta voix me dit, parle ; et le destin, tais-toi.

Pour effacer la nuit le soleil prend sa course,
La nuit, chaque matin, s'éclaire à son flambeau ;
Le rocher le plus dur laisse jaillir la source,
La terre de ses flancs laisse s'échapper l'eau.

Dans les bras d'un ami reposant sa misère,
Un autre peut du moins s'épancher et gémir ;
Pour moi, j'ai de mes maux enchaîné le mystère ;
Mes lèvres ont juré de ne jamais s'ouvrir.

CHAPITRE XIX.

Le printemps avait éclaté dans toute sa
splendeur; un orage précoce, après avoir
menacé tout le jour, allait fondre sur les
montagnes; la pluie tombait dans le lointain, le soleil reparaissait dans tout son
éclat, et l'arc miraculeux brillait sur un
fond grisâtre. Wilhelm marchait vers sa
douce lumière et la regardait avec tristesse.
« Hélas! se dit-il, est-ce ainsi que les plus
belles couleurs de la vie brillent sur un fond
sombre et obscur? Les plus doux transports
nous coûtent des larmes! Le ciel serein est
comme le ciel nébuleux, si nous le regar-
dons sans attendrissement; et qui pourrait
nous attendrir, si ce n'est la secrète espérance, que les sentimens de notre cœur
trouveront enfin leur objet? »

Cependant un piéton qui venait de le
rejoindre, et marchait à grands pas pour
suivre son cheval, lui dit après quelques

phrases d'usage : « Si je ne me trompe, je dois vous avoir vu quelque part. »

« Je me rappelle aussi vos traits, répondit Wilhelm; n'avons-nous pas fait ensemble une joyeuse promenade en bateau? »

— « C'est cela même. »

— « Je vous prenais alors pour un ministre protestant, et maintenant je vous prendrais pour un prêtre catholique. »

— « Aujourd'hui, du moins, vous ne vous trompez pas, reprit l'autre en ôtant son chapeau pour laisser voir sa tonsure. Où avez-vous laissé votre société? êtes-vous encore resté long-temps avec elle? »

— « Trop long-temps : quand je pense au temps que j'ai passé dans une pareille compagnie, je crois regarder dans le vide, car il ne m'en est rien resté. »

— « Erreur! Chaque événement laisse des traces, et contribue pour sa part à notre éducation; mais nous n'en savons rien : il serait dangereux de vouloir s'en rendre compte; nous pourrions devenir fiers et présomptueux, ou faibles et découragés, et l'un ou l'autre empêche d'agir. »

Wilhelm lui demanda combien il avait
encore de chemin à faire jusqu'à la terre
de Lothario. « Il faut tourner la montagne,
répondit l'autre; peut-être vous y retrou-
verai-je, mais j'ai pour le moment quelques affaires à terminer dans le voisinage.
Bonne santé jusques-là. » Et en disant ces
mots, il prit un sentier raboteux qui paraissait mener plus vite derrière la montagne.

« Voyons maintenant, se dit Wilhelm, si
je me souviens bien du sermon qui doit
confondre ce cruel ami. »

Il se mit donc à répéter son chef-d'œuvre, sans manquer une syllabe, et plus sa
mémoire était fidèle, plus il se sentait de
courage et de colère. Les souffrances, la
mort d'Aurélie étaient présentes à son imagination.

« Ombre de mon amie, s'écria-t-il, en-
toures-moi, et, s'il est possible, fais-moi
connaître par un signe que tu t'appaises et
que tu pardonnes. »

En pensant, ou plutôt en parlant ainsi,
il arriva sur le haut de la montagne; et vit
en face de lui, sur la pente, un château de

structure singulière, qu'il jugea devoir être la demeure de Lothario. Un vieux château irrégulier, surmonté de tours et de crénaux, semblait avoir été l'ancienne demeure des ancêtres; de nouveaux bâtimens, plus irréguliers encore, s'élevaient auprès des vieilles tours ou plus loin, et se joignaient au château par des galeries couvertes. Point de remparts ni de fossés : un joli village, et à quelque distance, une vaste prairie coupée par des massifs d'arbres qui venaient jusque sous les fenêtres de l'édifice.

Un vieux domestique le reçut à la porte, et lui dit avec bonté qu'il serait difficile de voir son maître aujourd'hui, parce qu'il avait beaucoup de lettres à écrire, et venait déjà de renvoyer plusieurs de ses intendans. Wilhelm insista, et le bonhomme fut forcé d'aller l'annoncer à son maître. Il revint, et le conduisit en attendant dans un vaste vestibule, que Wilhelm parcourut à grands pas comme un homme très-agité, jetant un coup-d'œil en passant sur les chevaliers et les nobles dames d nt les gothiques portraits pendaient à la muraille. Il reprit son exorde, jugeant qu'en présence de ces

vieilles armures et de ces antiques colleret-
tes, son discours ferait un merveilleux effet. Au moindre bruit il se mettait en pos-
ture, pour recevoir avec dignité son adversaire, lui présenter la lettre, et l'accabler
aussitôt des armes du reproche.

Enfin une porte s'ouvrit: un homme d'une
belle figure s'avança vers lui, en bottes
et couvert d'un beau manteau. « M'appor-
tez-vous de bonnes nouvelles, dit-il à Wilhelm avec amitié; excusez-moi si je vous
ai fait attendre. »

Wilhelm, un peu troublé, lui présenta
la lettre d'Aurélie : « Je vous apporte, lui
dit-il, les dernières paroles d'une amie,
vous ne les lirez point sans émotion. »

Lothario prit la lettre et rentra dans son
cabinet, où, comme Wilhelm pouvait le
voir par la porte entr'ouverte, il cacheta
plusieurs lettres avant d'ouvrir celle d'Aurélie. L'abbé entra tout-à-coup par une
porte cachée derrière la tapisserie. « Je re-
çois, lui dit Lothario, la plus singulière dé-
pêche du monde. Pardon, continua-t-il en
se retournant vers Wilhelm, si je ne puis
en ce moment m'entretenir avec vous. Vous

restez au château cette nuit? Abbé, je vous recommande notre jeune hôte. »

L'abbé conduisit Wilhelm dans une chambre très-élégamment meublée, et l'y laissa sans nulles façons. Bientôt après, un jeune domestique qu'on avait chargé de le servir, vint se mettre à ses ordres, et lui servit à souper en lui donnant de longs détails sur l'ordre, sur les usages de la maison, sur le déjeûner et le dîner, sur les travaux, sur les plaisirs et surtout sur les qualités éminentes de Lothario.

Plus le jeune homme était prévenant, plus il fatiguait Wilhelm qui désirait rester seul et se trouvait dans une position fausse et génée. Il se reprochait d'avoir si mal accompli son dessein, si mal exécuté son message ; mais il se promettait bien de reprendre le lendemain tous ses avantages, et sentait avec peine que l'aspect de Lothario lui inspirait des sentimens plus doux. En ouvrant son porte - manteau pour en tirer ce dont il avait besoin pour la nuit, le premier objet qui frappe ses regards, est le voile du fantôme que Mignon avait serré parmi ses effets : *fuis! jeune homme, fuis!*

s'écria-t-il. Que signifient ces mots mystérieux ? qui fuir ? où fuir ? L'ombre aurait
dû plutôt me crier : rentre en toi-même !

Il s'endormit, et vers le matin les rêves
les plus étonnants l'agitèrent. Il se trouvait
dans un jardin qu'il avait souvent parcouru
dans son enfance, il aimait à reconnaître
les allées, les bosquets, les parterres ; il
rencontrait Marianne, lui parlait d'amour,
sans se rappeler leur séparation douloureuse. Bientôt après son père venait à eux
avec un air de bonté bien rare sur son visage,
il priait son fils d'aller chercher deux chaises
dans le pavillon, prenait Marianne par la
main, et la conduisait dans un bosquet.

Wilhelm court au pavillon, il était vide ;
Aurélie seule était en face de lui, appuyée
sur la fenêtre ; il l'aborde, lui parle, elle
ne se détourne point, il se met près d'elle
et ne peut voir sa figure. Il regarde par la
fenêtre et voit dans un autre jardin une
groupe de personnes, dont quelques unes
lui étaient connues. Madame Mélina, assise
sous un arbre, jouait avec une rose : Laerte
près d'elle comptait de l'or d'une main dans
l'autre. Mignon et Félix étaient sur le ga-

zon, l'une couchée sur le ventre et l'autre sur le dos. Philine paraît tout-à-coup, frappe des mains pour effrayer les enfans : Mignon ne bouge pas : Félix se lève et fuit devant Philine. D'abord il riait en courant pour éviter Philine : bientôt il jette des cris d'effroi, en se voyant poursuivi à grands pas par le joueur de harpe. Félix courait tout droit vers un étang : Wilhelm s'élance après lui, mais trop tard ; l'enfant était tombé dans l'eau. Wilhelm reste immobile, comme attaché à la terre. Alors il voit la belle amazone sur l'autre bord, tendre sa main droite à l'enfant et courir le long de l'étang : Félix traverse l'eau dans la direction qu'elle lui montre, saisit enfin sa main et sort de l'étang. Wilhelm s'était approché : tout le corps de l'enfant brûlait et des gouttes de feu découlaient de ses membres. L'amazone prit aussitôt sur sa tête un voile blanc, dont elle le couvrit, et le feu fut éteint. Quand elle ôta le voile, il en sortit deux beaux enfans, qui se mirent à jouer çà et là dans le jardin : Wilhelm prit la main de l'amazone, et vit son père et Marianne se promener loin d'eux dans une allée dont

les grands arbres semblaient couvrir tout
le jardin de leur ombrage : il se dirige vers
eux, traverse le jardin avec sa belle compagne, quand tout-à-coup le blondin Frédéric les arrête en riant aux éclats et faisant
milles folies. Wilhelm voulait poursuivre
son chemin : il courait, et son père avec
Marianne semblait fuir devant lui ; il courait plus fort, et bientôt il les voyait glisser
à travers les allées et disparaître. La nature,
l'amour lui faisaient un devoir de courir à
leur secours, mais l'amazone le retenait ; il
se laissait retenir. C'est au milieu de ces impressions tour - à - tour douces et pénibles
qu'il se réveilla et vit avec surprise sa chambre éclairée par le soleil.

CHAPITRE XX.

Sur l'invitation du jeune domestique,
Wilhelm descendit pour déjeûner et trouva
l'abbé dans la salle ; il apprit de lui que
Lothario venait de partir. L'abbé d'abord

)eu communicatif, et paraissant occupé de réflexions sérieuses, lui demanda quelques détails sur la mort d'Aurélie, et le récit de Wilhelm parut lui faire impression.

Tout-à-coup la porte s'ouvre avec violence, une jeune femme entre précipitamment, et repousse le vieux domestique qui veut l'arrêter. Elle saisit l'abbé par le bras, et lui crie au milieu des sanglots : « où est-il ? qu'en avez-vous fait ? C'est une infâme trahison ! avouez tout : je veux le suivre. »

« Calmez-vous, mon enfant, lui dit l'abbé avec une froideur contrainte ; rentrez dans votre chambre, vous saurez tout, mais vous le saurez quand je pourrai vous l'apprendre. » Et il lui offrit sa main pour la recondutre. « Je ne rentrerai pas dans ma chambre, s'écria-t-elle ; je hais les murailles entre lesquelles vous m'avez tenue si long-temps captive : et cependant je sais tout, le colonel l'a provoqué ; il est sorti pour aller joindre son adversaire, et peut-être en ce moment..... N'ai-je pas entendu une détonation ? faites atteler, ou je remplis le château et tout le village de mes cris. »

La belle éplorée courut à la fenêtre, l'abbé

la retint et chercha vainement à l'appaiser.
On entendit le roulement d'une voiture;
elle ouvrit la fenêtre avec fracas : «il est
mort! s'écria-t-elle, on l'apporte. »

« On le monte ici, dit l'abbé : vous le
voyez, il est vivant. »

« Il est blessé, autrement ils reviendrait
à cheval; il est dangereusement blessé ! »

Elle s'élança sur l'escalier, l'abbé courut
après elle, Wilhelm les suivit, et vit éclater
la tendresse de la belle à l'aspect de son
amant.

Lothario, soutenu par son compagnon,
que Wilhelm reconnut aussitôt pour Jarno,
son ancien protecteur, parlait avec amour
et douceur à son inconsolable amie, et,
s'appuyant aussi sur elle, il monta lentement l'escalier, salua Wilhelm et fut conduit dans son cabinet. Jarno revint bientôt
après, et s'avançant vers Wilhelm; « vous
êtes prédestiné, dit-il, à trouver partout un
théâtre et des comédiens : vous nous voyez
au milieu d'un drame qui n'est pas tout-à-
fait dans le genre plaisant. »

« Je me réjouis, lui répondit Wilhelm,
de vous retrouver dans un moment aussi

critique : je suis irrité, effrayé de ce que je
vois, et votre présence me rend le sang-
froid et le repos. Le baron est-il en danger? »

« Je n'en crois rien, répondit Jarno,
mais vous-même, quelle vie avez-vous me-
née depuis notre séparation ? Wilhelm alors
lui raconta la mort d'Aurélie, le message
dont il s'était chargé, et celui-ci s'écria :
« C'est étonnant! c'est incroyable! »

L'abbé sortit de la chambre de Lothario,
fit signe à Jarno d'aller le remplacer, et dit
à Wilhelm : le baron vous fait prier de rester quelques jours au château et de vouloir
bien contribuer, par votre présence, à le
distraire dans sa fâcheuse position. Pour
vous mettre au fait de l'aventure dont vous
êtes témoin, il faut que je vous raconte un
secret maintenant connu de tout le monde.»

Le baron eut une petite intrigue avec une
dame qui fit vraiment trop de bruit, fière
d'avoir enlevé son amant à certaine rivale,
et voulant jouir à son aise d'un si beau
triomphe. Malheureusement le baron ne
trouvant plus en elle autant de charmes,
cessa de la voir, et la dame était d'humeur

6.

trop violente pour supporter sa disgrâce
avec une résignation contrainte. Elle lui fit
un esclandre public au milieu d'un bal, se
crut offensée, cria partout vengeance, mais
sans trouver un seul chevalier qui soutint sa
cause. Enfin son mari, dont elle était depuis
long-temps séparée, apprit l'affaire, se
chargea de son honneur, et provoqua le
baron qu'il a blessé, mais lui-même, à ce
qu'il paraît, a été plus malheureux encore. »

Depuis ce moment Wilhelm fut traité
dans le château comme un membre de la
famille.

On faisait souvent une lecture au malade,
et Wilhelm lui rendait ce service avec joie.
Lydie ne quittait pas son chevet, ses soins
empressés pour son amant absorbaient toute
son attention. Un jour Lothario, plus distrait qu'à l'ordinaire, pria le lecteur de s'arrêter. « Je sens aujourd'hui mieux que jamais, dit-il, combien l'homme est fou de
laisser fuir le temps sans agir. Je viens de
relire les projets de changemens que je
voulais faire dans mes propriétés, et si je me
réjouis que la balle n'ait pas pris un chemin
plus dangereux, c'est surtout, je puis le

dire, parce que j'aurai le temps d'exécuter mon projet. »

A ces mots Lydie le regarda tendrement, et ses yeux baignés de larmes semblaient lui demander si elle aussi, si ses amis ne devaient pas lui faire aimer la vie.

« Il est évident pour moi, continua Lothario, que, sous plusieurs rapports, je ne puis me passer des services de mes vassaux pour l'exploitation de mes propriétés, et qu'il m'importe beaucoup de veiller sévèrement au maintien de certains droits : mais il est aussi d'autres redevances qui, quoiqu'avantageuses, me sont moins nécessaires, et dont je puis affranchir mes hommes; une privation volontaire n'est pas une perte. Ne fais-je pas mieux valoir mes biens que mon père? Mes revenus ne sont-ils pas plus considérables? et dois-je jouir seul de cet accroissement de prospérité? Ne dois-je pas faire participer celui qui travaille avec et pour moi, aux avantages que nous procurent la propagation des lumières, et les progrès du siècle? Mon beau-frère, par exemple, donne à sa confrérie religieuse tout ce qu'il peut aliéner de sa fortune, et croit assurer le salut de son ame : mais en sacrifiant une faible partie de ses revenus, il eut pu faire le bonheur de plusieurs familles, et faire de cette terre, pour lui comme pour eux, un vrai paradis. Rarement nos sacrifices sont utiles; ce que nous avons sacrifié ne nous regarde plus. Nous renonçons à nos biens, non pas de propos délibéré, mais de désespoir. Depuis quelques jours, je l'avoue, le souvenir du comte me poursuit sans cesse, j'ai pris la ferme résolution de faire par conviction ce qu'il fait par folie supertitieuse, et je n'attendrai pas ma guérison. »

« Pour l'amour du ciel, dit Wilhelm quand il fut seul avec Jarno, de quel comte s'agit-il? Quel est ce comte qui s'engage dans une confrérie religieuse? »

« Vous le connaissez trop bien, répondit Jarno. N'êtes-vous pas le fantôme qui le chasse d'effroi dans les bras de la religion. N'êtes-vous pas le scélérat qui met sa jolie femme en si bel état, qu'elle se résigne à suivre son mari?..... »

— « Et c'est la sœur de Lothario? »

— « Précisément. »

— « Et Lothario sait? »

— « Tout. »

— « Oh ! laissez-moi fuir ! Comment paraître devant lui? Que peut-il dire? »

— « Que chacun, avant de jeter la pierre aux autres, et de faire de beaux discours pour confondre les gens, devrait se regarder au miroir. »

— « Et vous savez aussi..... »

— « Comme je sais beaucoup d'autres choses : mais cette fois, je ne vous laisserai pas m'échapper si vite, quoique vous n'ayez plus rien à craindre du capitaine recruteur. Je ne suis plus soldat, et même comme soldat, je n'aurais pas dû vous inspirer de pareils soupçons. Depuis que je ne vous ai vu, les temps sont bien changés. Après la mort du prince, mon seul ami et bienfaiteur, je me suis retiré du monde, et j'ai rompu tous ses liens. Plus tard vous connaîtrez mes plans, et vous les seconderez si bon vous semble. Mais vous, dites-moi, qu'est devenue votre ancienne manie de vouloir enfanter quelque production belle et bonne au milieu de vos bohémiens? »

« J'en suis assez puni, dit Wilhelm; ne

me demandez pas d'où je viens, où je vais.
On parle beaucoup de théâtre, mais il faut
y vivre pour s'en faire une juste idée. Là,
chacun veut non-seulement briller au premier rang, mais aussi briller seul; chacun
mettrait volontiers tous les autres à la porte,
sans s'apercevoir que, même avec tous les
autres, il produit à peine un peu d'effet :
chacun se croit prodigieusement original,
et cependant ne peut rien créer dès qu'il sort
de sa routine, et tous courent sans cesse après
la nouveauté ! Avec quelle ardeur ils intri-
guent l'un contre l'autre ! Le plus sot amour-
propre, l'égoïsme le plus étroit est le seul
lien qui les unisse. Ne leur parlez pas de
bienveillance ou d'égards réciproques; leur
éternelle défiance est nourrie par la fourberie et les propos injurieux : qui n'est pas
libertin avec eux n'est qu'un sot. Chacun
prétend qu'on l'estime sans restriction, et
se révolte à l'idée du blâme. Il savait mieux
que vous ce qu'il avait à faire : mais pourquoi donc a-t-il toujours fait le contraire?
Toujours sans argent et sans confiance, il
semble que rien ne les effraie comme le bon
goût et la raison; que rien ne leur soit cher

comme les droits personnels de leur abso-
lue majesté. »

Wilhelm reprenait haleine pour conti-
nuer sa litanie, quand tout-à-coup il fut
interrompu par les grands éclats de rire de
Jarno. « Ces pauvres comédiens ! criait celui-ci, ces bons comédiens ! Savez-vous,
mon cher ami, continua-t-il après avoir
aussi repris haleine, que vous venez de
faire l'histoire du monde entier, et non pas
du théâtre seulement : que je me charge-
rais de trouver dans toutes les classes des
figures et des sujets pour vos vigoureux
pinceaux ? Pardon, mais je ne puis m'empêcher de rire. Ah ! vous croyez que ces
belles qualités-là sont reléguées dans les
coulisses. »

— « Quelle misanthropie ! »

— « Quelle ignorance du monde, si vous
faites un si grand crime à vos comédiens de
leurs défauts ! En vérité, je pardonne au
comédien toute faute qu'il commet par
amour-propre ou par désir de plaire : car
s'il n'est quelque chose pour lui-même et
pour les autres, il n'est rien. Qu'il en im-
pose, c'est son métier ; qu'il fasse grand cas

d'un succès éphémère, c'est toute sa récompense; qu'il brille enfin, il est là pour briller.

» Je passe aux comédiens toutes les fautes des hommes, mais à aucun homme les fautes des comédiens. Ne me laissez pas entonner mes complaintes, je crierais plus fort que vous. »

Wilhelm, enhardi par le désir d'avoir des nouvelles de son amazone, lui raconta son aventure en le priant de l'aider dans ses recherches. « Vous, qui savez tout, lui dit-il, ne savez-vous rien de ce que je vous demande? »

Jarno réfléchit un moment, puis il dit à son jeune ami: « Soyez tranquille et discret, nous trouverons les traces de votre belle. Ce qui m'inquiète aujourd'hui, c'est l'état de Lothario; la blessure est dangereuse, car le chirurgien nous rassure et nous console. J'aurais déjà renvoyé Lydie, car elle ne nous est bonne à rien, mais je ne sais comment m'y prendre. Notre vieux médecin vient ce soir, et nous en parlerons. »

━━━━━━━━━━━━━━━━━━━━━━━━━━━━━━

CHAPITRE XXI.

LE médecin arriva : c'était le bon vieux
petit médecin, notre ancienne connaissance
à qui nous devons la communication de
l'intéressant manuscrit. Avant toute chose
il rendit visite au malade, et ne fut pas content de son état. Il eut ensuite avec Jarno
une longue conversation, et tous deux re-
parurent au souper, froids et discrets.

Wilhelm le salua très affectueusement et
lui demanda des nouvelles de son joueur
de harpe. « Nous avons toujours, répondit-il, l'espoir de rétablir la raison de l'infortuné vieillard. Jamais un cœur d'homme
ne fut si singulièrement affecté. Depuis
longues années, étranger à tout ce qui se
passait autour de lui, concentré dans lui-
même, il regardait dans son ame vide et
profonde, abîme immense. Comme il nous
attendrissait, en parlant de sa situation !

III.   7

« Je ne vois rien devant moi, disait-il, rien derrière, qu'une nuit sans bornes, où j'erre dans une affreuse solitude, où nul sentiment ne m'est resté que celui d'une faute qui se fait voir aussi de loin derrière moi comme un pâle fantôme. Rien en haut, rien en bas, point de passé, point d'avenir; aucun mot ne peut exprimer mes souffrances, toujours égales, et souvent je m'écrie, dans cette uniformité de douleurs: Toujours! toujours! et ce mot bizarre, incompréhensible, traverse comme un trait de lumière les ténèbres qui m'enveloppent. Aucun rayon de la Divinité ne brille dans ma nuit; je verse toutes mes larmes pour moi et sur moi seul. Ne me parlez point d'amour et d'amitié qui pourraient me séduire et me faire souhaiter la réalité de leurs illusions. Ces deux fantômes sont aussi sortis de l'abîme pour me tourmenter, et pour m'enlever enfin le doux sentiment de ma monstrueuse existence. »

» Oh ! que ne pouvez - vous l'entendre quand il soulage ainsi son cœur en ses jours d'épanchement ! Je l'ai quelquefois entendu, et je pleurais. »

» Si quelque circonstance le force d'avouer

que le temps a passé, il semble s'étonner,
et recule encore le changement des choses,
comme l'ombre d'une illusion. Un soir il
chantait des strophes sur ses cheveux blancs;
assis en cercle autour de lui, nous pleurions.

« Oh ! procurez-moi ce chant! s'écria
Wilhelm. »

« Mais, n'avez-vous rien découvert, dit
Jarno, sur ce qu'il appelle son crime, rien
qui pût expliquer son costume bizarre, sa
conduite dans l'incendie, et sa fureur contre
l'enfant? »

« Ce n'est que par des conjectures, répondit le médecin, que nous pouvons nous
approcher de la vérité : l'intéroger directement serait contraire à nos principes. Il a
passé sa jeunesse dans un cloître; voilà pourquoi il s'obstine à porter une robe et une
longue barbe. Les plaisirs de l'amour lui
furent long-temps inconnus. Plus tard, ses
égaremens avec une femme, sa proche pa-
rente, la mort de cette femme qui donna
la vie à une malheureuse créature, ont entièrement troublé sa raison. »

» Sa folie consiste surtout à croire qu'il
porte partout le malheur après lui, et que

la mort le menace sans cesse sous la figure d'un petit garçon. Il craignait Mignon avant de savoir qu'elle fût fille; ensuite Félix lui fit peur, et son extrême amour de la vie, au milieu même de ses infortunes, explique sa haine pour ce pauvre enfant. »

« Je suis curieux de connaître ses chansons, dit Jarno. »

« Je pourrai vous en montrer plusieurs, répondit le médecin; le fils aîné du pasteur, qui copie habituellement les sermons de son père, en a transcrit un grand nombre à l'insu du vieillard. »

Le lendemain Jarno vint trouver Wilhelm : « Il faut nous rendre un service, lui dit-il : il s'agit d'éloigner Lydie pour quelque temps; sa tendresse importune, les éclats de sa douleur retardent la guérison de Lothario. Nous lui avons mis dans la tête qu'une intime amie désirait la voir et l'attendait dans une terre du voisinage. Elle consent à se rendre chez le bailli qui ne demeure qu'à deux lieues d'ici. Celui-ci a le mot, et lui dira que mademoiselle Thérèse vient de partir. Lydie voudra courir après elle, et sera conduite d'un village à l'autre.

Enfin si elle exige impérieusement qu'on la ramène au château, il ne faut pas la contredire, vous aurez la nuit pour vous : le cocher est un drôle fort intelligent à qui l'on peut faire sa leçon. Vous vous placez dans la voiture auprès d'elle, et vous tenez les rênes de l'intrigue. »

« Vous me chargez là d'un singulier rôle, répondit Wilhelm, c'est une dangereuse société que celle d'un amour fidèle et malheureux : et je dois être votre docile instrument ! J'ai toujours cru qu'on pouvait aller bien loin en commençant à tromper par des vues louables et officieuses. N'allez pas croire, ajou-t-il après un moment de réflexion, que je veuille cependant me dispenser de cette commission périlleuse. Je respecte votre sagesse; je me sens de l'amitié pour votre excellent ami, je désire hâter sa guérison par tous les moyens possibles, et je saurai lui sacrifier mes scrupules. Ce n'est pas assez de risquer sa vie pour son ami, il faut au besoin mentir à sa conscience pour le sauver. Je me charge de la commission, mais en prévoyant tout ce que

je vais avoir à souffrir des larmes et du désespoir de Lydie.

« Mais aussi quelle récompense! reprit
Jarno ; vous ferez la connaissance de mademoiselle Thérèse, femme comme on en
trouve peu : je l'appellerais volontiers une
véritable amazone, mais bien supérieure à
ces jolies hermaphrodites qu'on voit partout chevaucher dans leur costume équi-
voque. »

Wilhelm tressaillit : il espérait retrouver
dans Thérèse sa belle amazone, d'autant
mieux que Jarno, qu'il priait de s'expliquer, rompit brusquement l'entretien, et
s'éloigna. L'expédition dont il se chargeait
lui parut dès-lors une mission fort honnête, et le remords d'arracher par surprise
une pauvre fille à l'objet d'une passion si
vive et si sincère effleurait à peine son ame,
comme l'ombre de l'oiseau qui glisse sur la
terre éclairée par le soleil.

La voiture était prête; Lydie hésitait encore : « Saluez bien votre maître, disait-
elle au vieux domestique, je reviens ce soir. »
De grosses larmes roulaient dans ses yeux,

et la voiture était déjà partie, qu'elle regardait encore le château. Enfin elle se retourne vers Wilhelm, recueille ses esprits, et lui dit : « Vous allez voir dans mademoiselle Thérèse une personne bien intéressante. Je suis étonnée qu'elle vienne dans le pays, car vous saurez que Thérèse et Lothario s'aimaient passionnément. Malgré l'éloignement, il venait souvent chez elle ; j'étais alors près de Thérèse, et tous deux semblaient devoir vivre à jamais l'un pour l'autre. Tout-à-coup leur union fut rompue, sans qu'on ait jamais su pourquoi. Je connaissais Lothario ; et, vous l'avouerai-je, je portais envie au bonheur de Thérèse : je cachais à peine mon amour pour lui, et je ne repoussai point ses vœux, quand il parut me choisir à la place de Thérèse. Mais combien cet amour m'a déjà coûté de pleurs et de souffrances ! Une fois il passa huit jours sans me voir, j'étais au désespoir ; je me mis en route, et vins le surprendre à son château même. Il m'y reçut avec bonté, et j'y serais encore heureuse sans une maudite intrigue. Je ne vous dirai point ce que j'ai souffert, depuis qu'il souffre, depuis qu'il est en danger : en ce moment même je me reproche d'avoir pu m'éloigner de lui pour un seul jour. »

Wilhelm allait lui demander quelques détails sur Thérèse, mais la voiture s'arrêta devant la maison du bailli, qui vint à la portière. Il en était bien fâché, disait-il; mais mademoiselle Thérèse venait de partir. Il offrit à déjeûner aux voyageurs, et ajouta aussitôt qu'on pourrait encore rejoindre la voiture de Thérèse au village voisin. On résolut de passer outre, et le cocher fit claquer son fouet : on visita cinq ou six villages sans trouver personne. Lydie ordonna qu'on revînt au château; mais le cocher allait toujours et ne comprenait pas. Enfin Lydie devenant plus impérieuse, Wilhelm appela le cocher et fit le signal convenu. Celui-ci répondit qu'il n'était pas nécessaire de revenir par le même chemin, qu'il en connaissait un autre plus court et plus commode. Il prit un chemin de traverse, tantôt par la forêt, tantôt par la plaine.

Quand on fut complètement désorienté, il avoua qu'il avait eu le malheur de s'égarer, mais qu'il retrouverait bientôt son che-

min au village qu'il apercevait devant lui.
La nuit venue, Lydie ne put fermer l'œil,
elle croyait partout se reconnaître au clair
de la lune, et partout l'illusion disparais-
sait. Enfin au matin, la voiture s'arrêta devant une jolie petite maison de campagne,
une femme en sortit, et vint ouvrir la portière. Lydie la regarde fixement, jette les
yeux autour d'elle, la regarde encore, et
tombe sans connaissance dans les bras de
Wilhelm.

CHAPITRE XXII.

WILHELM fut conduit dans une mansarde;
la maison était neuve, très-petite, mais
très-propre et bien disposée. Thérèse, qui
les avait reçus à la porte, n'était pas son
amazone; ce n'était qu'une autre femme in-
capable de soutenir la comparaison. Bien
faite, quoique petite, vive, alerte, il semblait que rien n'échappât à ses grands yeux
bleus et clairs.

Elle entra dans la chambre de Wilhelm, et lui demanda s'il avait besoin de quelque chose. « Excusez-moi, dit-elle, si je vous loge dans une chambre dont l'odeur du vernis rend encore le séjour incommode; ma petite maison est tout récemment achevée, et vous étrennez cette petite chambre que je destine à mes hôtes. »

Wilhelm demanda s'il ne pourrait voir la bonne Lydie, et se justifier près d'elle.

« Ce serait peine perdue, répondit Thérèse; le temps justifie comme il console, et dans ces deux cas les paroles n'y font rien. Lydie ne veut pas vous voir. Qu'il ne paraisse pas devant moi, s'est-elle écriée au moment où je la quittais; je désespérerais de l'humanité! Une figure si douce, des manières si franches, et autant de ruse dans l'ame. Lothario est pleinement justifié près d'elle; aussi dit-il dans une lettre qu'il écrit à la pauvre fille : *Mes amis m'ont conseillé, mes amis m'ont forcé.* Et vous êtes au nombre de ces amis, elle vous condamne comme les autres »

« Je ne veux pas vanter mon action, répondit Wilhelm, c'est assez de l'avoir faite !

Il s'agissait de la guérison, de la vie d'un homme qui m'inspire plus d'estime qu'aucun de ses semblables. Quel homme! et quels hommes que ceux qui l'entourent! Dans leur société, je puis bien le dire, j'ai pour la première fois parlé le langage d'un homme; pour la première fois mes paroles ont pris dans la bouche d'un autre un sens plus complet, plus profond, plus étendu; ce que je pressentais dèvient l'évidence, et ce que je pensais, je le vois. »

A ces derniers mots, Thérèse avait regardé son hôte avec bienveillance. « Oh! qu'il est doux, s'écria-t-elle, d'entendre dans la bouche d'un étranger ce qu'on sent soi-même! Que nous sommes contents de nous, quand un autre nous approuve et nous rend justice complète. Je pense comme vous sur le comte de Lothario. » A ce mot, un soupir gonfla son sein, une belle larme brilla dans son œil droit. « Ne croyez point, dit-elle, que je sois si faible et si prompte à m'attendrir : ce n'est que l'œil qui pleure. J'avais une petite verrue au-dessus du cil inférieur, on me l'a fort heureusement arrachée, mais depuis, mon œil est plus faible et pleure à la moindre émotion. C'est là qu'était la verrue, vous n'en voyez plus aucune trace. »

Wilhelm n'en vit point la trace, mais il regardait son œil, clair comme le cristal, et croyait lire jusqu'au fond de son ame.

« Maintenant, dit Thérèse, nous avons tous deux prononcé le mot qui nous unit; faisons-nous connaître entièrement l'un à l'autre, le plus tôt possible, et que notre union dure encore dans l'absence. Le monde est si désert quand il n'offre à notre imagination que villes, fleuves et montagnes! Mais quand on sait qu'en tels lieux quelqu'un sent comme nous, et vit avec nous sans pourtant nous entendre, alors ce monde devient un vaste jardin, et la terre est peuplée. »

Thérèse mena Wilhelm dans son petit jardin, où il put à peine se retourner, tant les allées étaient étroites et le terrain bien cultivé. En rentrant dans la cour il ne put s'empêcher de rire à la vue du bûcher, où les bûches étaient sciées, fendues et rangées avec tant de symétrie, qu'on eut dit un immeuble qui devait à jamais faire partie de la maison. Tous les vases bien propres étaient en leur place; la petite maison était peinte de rouge et de blanc, et d'un aspect fort gai. Elle semblait réunir dans un espace étroit tous les produits de cette grosse industrie, qui, s'inquiétant peu des belles proportions de l'architecture, donne à tout ce qu'elle fait un air si gai, si solide et si durable.

On servit le souper de Wilhelm dans sa chambre, et il eut le temps de se livrer à ses réflexions. « Encore une femme, se dit-il, une femme intéressante qui se trouve en rapport intime avec Lothario. Je conçois qu'un homme d'un si beau mérite attire à lui des cœurs de femme dignes de lui-même. Jusqu'où ne s'étend pas l'influence d'un caractère mâle et distingué? Pourvu que les autres hommes n'y perdent pas! avoue ta crainte au moins à toi-même. Si tu retrouvais ton amazone, peut-être, malgré tant de vœux et de beaux rêves, peut-être la trouveras-tu, à ta confusion, à ta honte... . fiancée de Lothario. »

Vers le soir la porte de Wilhelm s'ouvre, un jeune chasseur entre et le salue. « Allons nous promener, » dit le jeune homme, et Wilhelm reconnaît Thérèse à ses beaux yeux.

« Pardonnez-moi cette mascarade, dit-elle; hélas! aujourd'hui ce n'est pas autre chose. Puisque je dois vous parler d'une époque où j'étais si contente de la vie, je veux que tout me la rappelle. Je veux vous mener sur les lieux mêmes où nous nous reposions si souvent à la chasse ou dans nos promenades. »

Ils partirent; et chemin faisant Thérèse dit à son compagnon : « Êtes-vous libre? »

— « Je crois l'être, sans le souhaiter. »

— « J'entends; un roman bien compliqué; vous aurez aussi des confidences à me faire. »

Pendant cet entretien ils montent la colline, et s'arrêtent sous un grand chêne qui répandait au loin son ombrage. « Ici, dit Thérèse, sous cet arbre allemand, je vous raconterai l'histoire d'une fille de l'Allemagne.

» Mon père était un riche gentilhomme de cette province, à qui je n'ai connu d'autre défaut qu'une excessive indulgence pour

une femme qui ne savait pas l'apprécier.
Faut-il que je vous parle aussi de ma mère?
Son caractère différait en tous points de celui de son époux : vive, inconstante, sans
amour pour sa famille, pour moi sa fille
unique, prodigue, mais belle, spirituelle,
pleine de talens, et faisant les délices d'un
petit cercle d'amis dont elle savait s'entou-
rer. Sa société se composait d'hommes en
grande partie; car aucune femme ne se
trouvait à son aise près d'elle, aucune n'eut
pu se faire pardonner son mérite.

» J'étais le portrait de mon père pour
le caractère comme pour la physionomie.
Comme un jeune canard cherche l'eau,
moi je courus d'abord à la cuisine, à l'of-
fice, à la basse-cour, au grenier, comme
dans mon élément. Mon père applaudissait
à mes goûts, et chargeait progressivement
ma jeune activité d'occupations régulières;
ma mère ne m'aimait point, et le disait tout
haut.

» Je grandissais, et mon activité crois-
sait avec l'amour de mon père. Regarder
ses yeux, c'était lire dans moi-même, car
c'était par les yeux surtout que notre res-

semblance était parfaite. Mais en présence
de ma mère, il n'avait plus le courage de
m'aimer et de le dire; il n'opposait à ses re-
proches injustes et violens que des excuses
timides, il prenait mon parti moins en me
protégeant, qu'en demandant humblement
pardon pour mes bonnes qualités. Il n'osait
s'opposer à ses moindres caprices. Elle se
prit d'une belle passion pour le spectacle,
on bâtit à grands frais un théâtre; on ne
manquait pas d'hommes de tout âge et de
toute figure, mais il y avait souvent disette
de femmes. Lydie, jeune et jolie fille qui
annonçait dès l'enfance tous les charmes
qui la parent aujourd'hui, fut chargée des
rôles secondaires: une vieille femme de
chambre fit les mères et les tantes; et ma
mère se réserva les rôles de première amoureuse, d'héroïne et de bergère.

» Moi je mouchais toujours les chandelles pour faire quelque chose, je veillais au
souper; et le lendemain matin, pendant
qu'ils dormaient encore, j'avais déjà rangé
dans la garde-robe tous les costumes qui,
la veille, étaient jetés l'un sur l'autre.

» Ma mère s'accommodait fort bien de

mon activité, mais sans m'en aimer davantage. Je vous l'avouerai, tous les jours sa
conduite m'éloignait d'elle; j'observais ses
actions comme celle d'une étrangère, et
comme j'avais l'habitude de surveiller avec
un œil de faucon les nombreux domestiques
de ses amis, surveillance qui, pour le dire
en passant, est la base de l'économie domestique, je m'aperçus naturellement des
liaisons de ma mère avec les hommes qui la
fréquentaient. Il était facile de remarquer
qu'elle ne voyait pas tous les hommes du
même œil; je devins plus attentive, et je
découvris bientôt que Lydie, sa confidente,
faisait à son école l'apprentissage d'une passion qu'elle avait si souvent représentée sur
le théâtre. Un beau jour je perdis patience,
je me plaignis à mon père, et lui racontai
tout ce que j'avais appris.

» Il m'écouta froidement : « Ma bonne
enfant, me dit-il en riant, je sais tout; sois
tranquille, et fais comme moi; prends patience, c'est pour toi que je souffre. »

» J'étais loin d'être tranquille et patiente.
En secret je blâmais mon père, je ne croyais
pas qu'aucun motif pût justifier sa résigna-

tion : je tenais fortement à l'ordre de la maison, et j'étais décidée à pousser les choses
à la dernière extrémité.

» Le premier amoureux de ma mère fut
scandaleusement infidèle ; elle prit en haine
sa maison, son pays, sa société. Elle voulut se retirer dans une autre campagne,
c'était trop désert ; à la ville, elle n'y pouvait faire assez belle figure. Elle partit enfin pour le sud de la France.

» Dès-lors nous étions libres, heureux
comme au paradis, et je crois que mon
père fit un bon marché, quoiqu'il eût payé
son absence d'une somme assez considérable.
Hélas ! ce bonheur fut d'une courte durée !
mon père eut une attaque d'apoplexie qui
lui paralysa le côté droit et le priva de l'u-
sage de la parole : Il fallait deviner ses désirs, car le mot qu'il prononçait n'était jamais celui qu'il avait voulu dire. Un jour il
fit signe, avec des gestes violens, que tout
le monde s'éloignât ; et, quand nous fûmes
seuls, il ne put arracher de son gosier ce
qu'il avait à me dire : son impatience redoublait, et sa souffrance m'affligeait jusqu'au
fond de l'ame. Au moins était-il évident

qu'il avait un secret à me révéler, à moi seul. Oh! combien il me tardait de l'apprendre! Mais bientôt son mal empira; il devint immobile, impotent, et, quelques jours après, il n'était plus.

» J'écrivis à ma mère, et je lui proposai de rester chez elle comme intendante; elle refusa, et je fus forcée d'évacuer la maison. On produisit un testament qui lui assurait la possession et la jouissance des biens de mon père, et me mettait, sa vie durant, dans sa dépendance. Alors je crus comprendre les signes de mon père mourant, et je déplorai sa faiblesse, qui le rendait, même après sa mort, injuste envers sa fille.

» Une dame du voisinage, qui possédait de grandes propriétés et m'avait toujours montré beaucoup d'attachement, s'empressa de m'offrir un asile; je fus bientôt à la tète de sa maison. Ma protectrice était contente de mes services; une seule inquiétude vint troubler mon repos : Lydie était revenue en Allemagne; ma mère avait eu la cruauté de congédier la pauvre fille, après l'avoir entièrement corrompue. Ma bienfaitrice la recueillit aussi. Lydie voulut

me seconder et n'entendait rien au ménage.
Vers cette époque, les parens et les héri-
tiers de la bonne dame venaient souvent
chez elle et se livraient aux plaisirs de la
chasse. Lothario les accompagnait; je re-
marquai bientôt sa supériorité sur ceux qui
l'entouraient, sans faire cependant le moindre retour sur moi-même. Jamais je n'avais
écouté aucun homme avec autant de plaisir
que Lothario parlant de ses campagnes ou
de ses voyages. Il voyait, d'un coup-d'œil
sûr et rapide le monde entier, comme
moi le domaine que je régissais. Ce n'était
point les récits merveilleux d'un aventu-
rier, ni les exagérations d'un voyageur à
préjugés, qui met toujours sa chétive personne à la place du pays dont il veut faire
la description; il ne racontait point, il nous
conduisait sur les lieux, et je n'ai jamais
goûté de plaisir plus pur.

» Mais que ma satisfaction fut vive un soir
qu'il parlait des femmes! Quelques dames
du voisinage reprochaient aux hommes de
ne point vouloir initier les femmes aux
mystères de leur science. « Il est singulier,
dit Lothario, qu'on soupçonne d'injustice

tout homme qui voudrait placer les femmes
au rang le plus noble où leurs vœux puissent aspirer : et quel rang serait plus noble
pour elles que le gouvernement d'une maison? Pendant qu'au dehors l'homme inquiet, ambitieux, acquiert et conserve,
prend part au gouvernement de l'état, et
dès-lors malheureux esclave des circonstances, est asservi quand il croit commander, est forcé de mettre à la place de la
raison, de la franchise et de la loyauté, la
politique, la dissimulation, le mensonge,
et renonce, pour atteindre un but imagi-
naire, au bonheur inappréciable de se sentir en harmonie avec soi-même; alors une
femme sage et raisonnable règne en effet
chez lui, et de ses lois dépend l'activité, la
félicité de toute une famille. Libre, elle pro-
cure à son mari la véritable liberté, celle
du foyer domestique; par elle ses posses-
sions sont en sûreté, ses biens en pleine va-
leur, il peut donc appliquer son esprit aux
vastes entreprises, et si la fortune le seconde, devenir dans l'état ce que sa femme
est chez lui. »

» Il fit alors un portrait de la femme qu'il

désirait pour lui-même. Je rougis, c'était moi qu'il peignait, c'étaient mes mœurs, ma vie. Je jouissais en silence de mon triomphe, et d'autant plus que certainement il n'avait pas voulu parler de moi, qu'il ne connaissait point. Je ne me souviens pas d'avoir éprouvé dans toute ma vie une impression plus délicieuse. L'homme que j'estimais tant donnait la préférence, non pas à ma personne, mais à ma nature intérieure Quelle récompense ! quel encouragement !

» Quand la société fut partie, ma respectable amie me dit en riant : « C'est dommage que les hommes ne mettent pas souvent en action leurs pensées et leurs paroles ; Lothario serait un excellent parti pour ma bonne Thérèse. » Je répondis par un sourire, et j'ajoutai que, si la raison des hommes demandait de bonnes ménagères, leur cœur et leur imagination exigeaient des femmes d'autres qualités, et que nous autres femmes de ménage ne saurions jamais soutenir la partie contre d'aimables et jolies demoiselles. Ces derniers mots s'adressaient à Lydie. Je n'avais jamais aimé, je n'aimais pas encore ; je souhaitais seulement que Lothario pût me connaître et s'intéresser à moi personnellement. Je formais ce désir vaguement, et sans bien comprendre ce que je désirais.

« Le plus grand service que je rendais à ma bienfaitrice était d'avoir rétabli l'ordre et réglé les coupes dans les belles forêts qui couvraient ses propriétés. Je m'étais fait faire des habits d'homme pour être plus légère à cheval, plus agile à pied, j'étais en plusieurs lieux à la fois, et l'on me craignait partout.

» J'appris un jour que Lothario et ses jeunes amis venaient d'arranger une partie de chasse, et pour la première fois de ma vie je conçus le désir de briller, ou pour être moins injuste envers moi-même, de paraître telle que j'étais aux yeux de l'excellent homme. Je pris mes habits d'homme et mon fusil sur l'épaule, je me mis en route avec nos jeunes chasseurs pour aller attendre la société sur nos limites. A son arrivée, Lothario ne me reconnut pas d'abord ; un des jeunes neveux de ma bienfaitrice, me présenta à lui comme un garde-fores-

tier fort adroit, plaisanta sur ma jeunesse,
mais gâta son jeu par des louanges si ou-
trées, que Lothario me reconnut enfin. Le
neveu seconda mes vues comme s'il avait
eu le mot, et par reconnaissance il raconta
en détail tout ce que j'avais fait pour les propriétés de sa tante et par conséquent pour
lui-même.

» Depuis cette rencontre il vint nous voir
plus souvent. Je ne résistais point au sentiment qui m'attirait vers lui, et je sentis
trop tôt, hélas, combien mon amour était
fort, pur et sincère, quand je crus remarquer que ces fréquentes visites s'adressaient
plutôt à Lydie qu'à moi-même. Lydie du
moins en était pleinement convaincue, et
me fit sa confidente.

» Nous en étions là, lorsqu'un jour ma
bienfaitrice me fit une proposition fort inattendue. « Lothario, me dit-elle, vous offre
sa main, et souhaite passer avec vous le
reste de ses jours. Elle se répandit en éloges sur mes belles qualités, et me dit ce que
j'avais tant de plaisir à entendre, que Lothario était sûr d'avoir trouvé en moi la personne qu'il avait cherché depuis si long-

temps. Il désirait seulement que notre projet de mariage fut un secret, jusqu'à ce qu'il eût obtenu le consentement de son oncle.

» J'avais donc atteint le suprême bonheur ! Un homme me recherchait que j'estimais tant, près duquel je pourrais développer utilement, dans une sphère plus grande et plus large, mes penchans naturels et mes talens fortifiés par l'exercice : la somme de mon existence me semblait s'augmenter à l'infini. Je donnai mon consentement; il vint lui-même, il m'entretint seule, il me présenta la main, lut dans mes yeux et cueillit un baiser sur mes lèvres : ce fut le premier et le dernier.

» A peine s'était-il éloigné, que Lydie me demanda s'il m'avait parlé d'elle. Je répondis que non, et j'ennuyai la pauvre fille en lui racontant nos longues dissertations d'économie domestique. Elle devint inquiète, chagrine, et la conduite de Lothario, à la visite suivante, n'était pas faite pour la rassurer.

» Lothario me fit connaître son excellente sœur, et celle-ci sut m'introduire adroitement chez son oncle : je gagnai le

III. 8

vieillard, il consentit à notre bonheur, et je revins chez ma bienfaitrice chargée de cette heureuse nouvelle. Notre union n'était plus un secret dans la maison : Lydie l'apprit et ne put y croire. Enfin, n'en pouvant plus douter, elle disparut tout-à-coup sans qu'on pût découvrir le lieu de sa retraite.

» Le jour de notre mariage approchait.

» Un jour que j'ouvrais mon écrin en la présence de Lothario, il y voit dans un médaillon une miniature de femme, il la prend dans ses mains, la regarde avec attention, et me demande le nom de l'original. « C'est ma mère, lui répondis-je. » « J'aurais cependant juré, s'écria-t-il, que ce portrait était celui d'une madame de Saint-Alban que j'ai connue dans mes voyages il y a quelques années. » « C'est encore ma mère, repris-je en riant ; et vous avez vu votre belle-mère sans le savoir. Ma mère voyage sous ce nom romanesque, et le porte encore en France où elle est à présent. »

« Je suis le plus infortuné des hommes ! s'écria-t-il en rejetant le portrait dans l'écrin. Il se couvrit le visage de ses mains, et

sortit aussitôt de la chambre. Il se jeta sur
son cheval; je courus au balcon, je le rap-
pelai; il me dit adieu de la main, et s'éloigna
à toute bride. Je ne l'ai javais revu. »

Le soleil se couchait, Thérèse fixa ses
regards immobiles sur sa mourante lumière, et ses deux beaux yeux se remplirent
de larmes. Elle se tut, et posa ses mains sur
celles de son nouvel ami qui les baisait avec
tendresse, puis elle essuya ses larmes et se
leva. « Retournons, dit-elle, aux soins du
ménage. »

» Au retour, la conversation fut moins
animée. Arrivés à la porte du jardin, ils
virent Lydie assise sur un banc avec deux
petites filles. A leur approche elle s'enfuit,
et rentra dans la maison. Les deux enfans
s'approchèrent de Thérèse, la saluèrent, et
lui rendirent compte de ce qu'on avait fait
en son absence. « Vous voyez encore ici,
dit Thérèse à Wilhelm, une partie de mes
occupations; j'ai fait un traité avec l'excellente sœur de Lothario, nous élevons en
commun un certain nombre de jeunes
filles, je forme les ménagères actives et di-
ligentes, et celles qui annoncent des goûts

plus paisibles et plus délicats sont sous sa
direction. Oh ! si vous connaissiez ma noble
amie, ce serait pour vous l'ère d'une vie
nouvelle : sa beauté, sa bonté la rendent
digne des hommages du monde entier. Wilhelm n'osait dire qu'il connaissait la belle
comtesse, et que cette connaissance passagère lui coûterait des regrets éternels :
heureusement pour lui Thérèse ne continua pas l'entretien, et fut appelée dans la
maison.

Un moment après Thérèse revint dans sa
chambre et lui demanda pardon de le dé-
ranger encore : « toute ma bibliothèque,
dit-elle, est dans cette armoire, ce sont des
livres que je garde, parce qu'ils étaient là.
Lydie demande un livre de dévotion. Les
personnes qui vivent selon le monde toute
l'année, s'imaginent que la dévotion leur
est nécessaire dans l'infortune. Un bon livre
de morale est pour eux une médecine qu'on
prend à contre cœur : un écrivain religieux
ou moral, est un médecin qu'on ne saurait
trop tôt congédier. Pour moi je l'avouerai,
je regarde la morale comme un régime qui
n'est régime parce qu'on s'en fait une règle

de vie, dont on ne s'écarte point un seul jour de l'année. »

En ranuant les volumes, ils trouvèrent quelques ouvrages *édifians*. « C'est encore de ma mère, dit Thérèse, que Lydie apprit à faire usage de ces livres. On vivait de comédies et de romans, tant que l'amant était fidèle, mais sa perfidie remettait en crédit les livres édifians. Je ne puis comprendre comment on a pu croire que Dieu communique avec nous par des livres et des histoires. L'homme pour qui l'univers est un spectacle muet, qui ne sait pas connaître les rapports du monde avec lui-même, à qui son cœur ne dit point ce qu'il doit à lui et aux autres, ne l'apprendra pas dans des livres, qui ne sont propres à tout considérer, qu'à donner des noms à nos erreurs. »

Pendant le séjour de Wilhelm chez Thérèse, elle se montra toujours égale à elle-même, et lui raconta avec la même franchise la fin de son histoire.

L'éloignement subit de Lothario fut bientôt expliqué ; il avait rencontré dans ses voyages la mère de Thérère : il fut épris de ses attraits, elle fut pour lui facile et géné-

reuse, et maintenant cette malheureuse intrigue d'un jour le séparait d'une femme,
que la nature semblait avoir créé pour lui.
Thérèse resta fidèle à ses devoirs dans le
cercle modeste de ses occupations ; on sut
que Lydie restée secrètement dans le voisinage, heureuse d'apprendre leur rupture,
sans d'ailleurs en connaître la cause, s'était
rapprochée de Lothario, et que celui-ci
avait accueilli ses désirs plutôt par désespoir que par amour, par surprise que par
réflexion, par ennui que par une volonté
bien décidée.

Cependant la vieille dame, protectrice
de Thérèse, lui laissa en mourant le petit
bien qu'elle possédait aujourd'hui avec un
capital assez honnête, et Thérèse sut se
contenter de son modeste héritage. Lothario lui offrit par l'entremise de Jarno, une
propriété plus étendue : elle refusa ; « je
veux, dit-elle, en me contentant de ce petit domaine, lui prouver que j'étais digne
de partager avec lui ses grandes propriétés. »

Wilhelm songeait maintenant à retourner au château, et pria sa nouvelle amie de

lui faire obtenir de Lydie la permission de prendre congé d'elle. La belle Lydie laissa fléchir son violent courroux, et fit cette réponse aux paroles affectueuses de Wilhelm : « J'ai triomphé des premiers mouvemens de la douleur, Lothario me sera toujours cher; mais je connais ses amis, et je vois avec peine qu'il soit si mal entouré. L'abbé serait capable de perdre tous les hommes par système, le médecin n'en ferait guère moins. Jarno n'a pas de conscience, et vous vous avez au moins peu de caractère. Continuez, soyez l'instrument docile de ces trois hommes, et l'on vous confiera bientôt quelque nouvelle expédition. Depuis long-temps, je le sais, ma présence leur était importune; je n'avais pas découvert leur secret, mais j'avais remarqué, qu'ils en cachaient un à mes regards. Pourquoi ces appartemens fermés? ces galeries mystérieuses? Pourquoi personne ne peut-il pénétrer dans la grande tour? Pourquoi m'enfermaient-ils dans ma chambre, toutes les fois qu'ils le pouvaient? Je l'avoue, c'est à la jalousie que je dois ces découvertes, je craignais qu'on eût caché quelque part une heureuse

rivale. Maintenant je ne le crois plus, je
suis sûre des sentimens de Lothario, de la
sincérité de son amour, mais je suis sûre
aussi qu'il est trompé par des amis faux et
dissimulés. Si vous voulez lui rendre un véritable service, et vous faire pardonner vos
torts envers moi, délivrez-le de leurs mains
dangereuses. Mais pourquoi l'espérer. Pré-
sentez-lui du moins cette lettre, et répétez-
lui ce qu'elle contient, que je l'aimerai
toujours et que je me fie à sa parole. Ah !
s'écria-t-elle en se jettant au cou de Thérèse au milieu des sanglots : il est entouré
de mes ennemis, ils voudront lui persuader
que je ne lui ai rien sacrifié, et le meilleur
des hommes croira sans peine qu'il est digne
de tous les sacrifices, sans être obligé à la
reconnaissance. »

Les adieux de Thérèse furent plus gais,
elle souhaita de bientôt le revoir. « Vous mé
connaissez toute entière, lui dit-elle : vous
m'avez toujours laissée parler, c'est prendre
pour notre première entrevue l'engagement
de répondre à ma confiance. »

A son retour, Wilhelm eut le temps de

songer à cette nouvelle et céleste apparition. Qu'elle confiance elle m'inspire! se disait-il; que Mignon et Félix seraient heureux sous sa direction, et pour moi-même, quels délices de pouvoir vivre près d'une femme si simple et si naturelle. En s'approchant du château, l'aspect de la tour et des galeries le frappa comme s'il les voyait pour la première fois, et il se promit d'interroger Jarno ou l'abbé à la première occasion.

CHAPITRE XXIII.

Wilhelm trouva Lothario en pleine convalescence : Jarno était resté seul avec lui. En quelques jours il put monter à cheval, tantôt seul, tantôt avec ses amis. Sa conversation était tour à tour sérieuse ou enjouée, ses entretiens instructifs ou agréables; on y remarquait souvent des traces d'une sensibilité passionnée, qu'il s'efforçait de dissimuler ou semblait désapprouver, quand elle éclatait malgré lui.

Un soir à table il gardait le silence, quoique son front fut serein.

« Certainement, dit Jarno, vous avez eu aujourd'hui quelque aventure, et même fort agréable. »

« Comme vous connaissez votre monde, répondit Lothario. Oui, l'aventure était fort agréable. En d'autres momens elle m'eût paru moins délicieuse, mais aujourd'hui elle me trouvait si sensible! Je chevauchais vers le soir au-delà de la rivière, à travers les villages et par un chemin que je prenais bien souvent dans ma jeunesse. Mes souffrances corporelles m'avaient rendu plus faible que je ne l'aurais cru. Je me sentais encore languissant, et mes forces renaissaient comme une vie nouvelle. Tous les objets m'apparaissaient comme alors parés d'une douce lumière, tous avaient repris pour moi leurs grâces, leurs charmes longtemps évanouis. C'était faiblesse, je le sentais, mais j'aimais ma faiblesse, et je comprenais qu'on pût désirer la maladie qui

dispose à des émotions si délicieuses. Vous
savez peut-être ce qui me faisait prendre ce
chemin. »

« Oui, dit Jarno, si je ne me trompe,
une petite intriguē amoureuse avec la fille
d'un fermier. »

— « Dites plutôt une grande intrigue;
nous nous aimions tous les deux d'amour
très-sérieux, et même ça dura long-temps.
Par un heureux hasard toutes les circonstances contribuaient à me rappeler les premiers temps de notre amour. Les enfans
comme alors secouaient les hannetons, et
le feuillage du frêne n'était pas plus avancé
qu'au jour où je la vis pour la première
fois. Il y avait long-temps que je n'avais vu
Marguerite, elle s'est mariée loin d'ici, et
je venais d'apprendre qu'elle était venue
avec ses enfans passer quelques semaines
chez son père. En m'approchant de la ferme,
je vis une femme se mettre aussitôt à la fenêtre, et quand je fus près de la porte, j'en-
tendis quelqu'un sauter en bas de l'escalier.
Je pensai que c'était elle, et vous l'avoterai-
je, je me dis qu'elle m'avait reconnu et ve-

nait à ma rencontre. Mais quelle fut ma
confusion en la voyant s'élancer dans la rue,
prendre un enfant au milieu des chevaux,
et rentrer aussitôt! Je fus un peu décon-
certé, mais pour consoler ma vanité bles-
sée, je crus apercevoir par derrière sur son
cou et ses oreilles une rougeur assez remarquable. Quoique je n'eusse pas vu sa figure, elle ne me paraissait pas changée, et
pourtant dix ans d'absence! Elle me semblait plus jeune, aussi svelte, aussi légère
sur ses pieds, son cou aussi joli qu'autrefois, ses joues se couvrant aussi facilement
d'une aimable rougeur : avec cela mère de
six enfans, peut-être davantage!

» Cett apparition magique au milieu du
monde enchanté qui m'environnait, avait
si bien rajeuni mes sentimens, qu'arrivé
près de la forêt voisine, je revins sur mes
pas au coucher du soleil. La rosée qui tombait aurait dû me rappeler l'ordonnance du
médecin, et peut-être eût-il été plus sage
de revenir droit au château; cependant je
repassai près de la ferme. Je vis une femme
courir çà et là dans le jardin, qu'entourait
une haie peu épaisse. Je dirigeais mon che-

val sur le sentier, le long de la haie, et je me trouvais près de la personne que je voulais revoir. Malgré les derniers rayons du soleil qui me tombaient sur les yeux, je vis qu'elle travaillait à la haie qui la couvrait légèrement : je crus reconnaître mon ancienne amante. En arrivant près d'elle, je m'arrêtai; mais mon cœur allait vite. Quelques branches de laurier sauvage, agitées par un vent frais, m'empêchaient de bien distinguer sa figure. Je lui adressai la parole, et lui demandai comment elle se portait : elle me répondit à demi-voix : « Fort bien. » Cependant j'avais remarqué plus loin un enfant qui cueillait des fleurs, et j'en pris occasion de lui demander où était toute sa petite famille? « Ce n'est pas mon enfant, répondit-elle, ce serait trop tôt. » Dans ce moment, je distinguai sa figure à travers les branches, et je ne sus que penser de cette apparition. C'était mon amante, et ce n'était pas elle : plus jeune, plus belle qu'auparavant! « N'êtes-vous pas la fille du fermier, » lui demandai-je un peu troublé.

— « Non; je suis sa nièce. »

— « Mais vous ressemblez d'une manière frappante à votre cousine. »

— « C'est ce que disent tous ceux qui l'ont connue il y a dix ans. »

» Je lui fis plusieurs autres questions : j'étais détrompé ; mais j'aimais encore mon erreur. Elle prit congé de moi, et courut après l'enfant. On m'avait cependant assuré que mon ancienne amante était réellement chez son père, et chemin faisant, je m'épuisais en conjectures pour décider si c'était elle, ou bien sa cousine qui avait pris l'enfant au milieu des chevaux. »

« En vérité, ajouta Lothario, je ne connais pas au monde de sensation plus douce que de sentir son cœur qui s'est long-temps reposé dans l'indifférence, se rouvrir à l'amour d'un nouvel objet, et cependant j'eusse renoncé pour toute ma vie à ce délicieux bonheur, si le destin m'eut permis de m'unir à Thérèse. On n'est pas toujours jeune : pourquoi rester toujours enfant ? Pour l'homme qui connaît le monde, qui sait ce qu'il vient y faire, et ce qu'il doit en attendre, quel bien serait plus désirable

qu'une épouse agissant sans cesse avec lui,
prévoyant tous ses besoins, dont le zèle
fait tout ce qu'il ne peut faire, dont l'activité se porte à la fois sur tous les points,
tandis qu'il poursuit son chemin sans pouvoir s'en écarter. Oui, je rêvais pour Thérèse et moi le bonheur du Paradis dans ce
monde, non pas une félicité rêveuse et chi-
mérique; mais une vie active et réelle sur la
terre. Ordre dans le bonheur, courage dans
l'infortune, soin des plus petites choses; avec
une ame capable de comprendre et d'exécuter les plus grandes. Je voyais dans Thérèse
tous ces talens, dont le vaste développement
nous étonne dans l'histoire de ces femmes qui nous semblent si supérieures à tous
les hommes : en tout événement, en toute
occasion, pénétration et souplesse, justesse
de détail qui produit la perfection de l'ensemble sans qu'elles aient paru s'en occuper. J'espère donc que vous me pardon-
nerez, dit-il en souriant à Wilhelm, d'avoir
oublié Aurélie pour Thérèse. Avec celle-
ci j'espérais une vie tranquille et heureuse,
avec l'autre, pas un moment de repos. »

« J'avoue, répondit Wilhelm, que je

suis venu chez vous plein de colère et d'ani-
mosité, et j'avais bien résolu de blâmer sévèrement votre conduite envers Aurélie. »

— « Conduite blâmable, sans doute : je
n'aurais pas dû prendre avec elle l'amitié
pour l'amour, et laisser venir à la suite de
l'estime qu'elle méritait si bien, un sentiment qu'elle ne pouvait exciter ni nourrir.
Elle n'était pas aimable en aimant, et c'est
pour une femme le comble du malheur »

« Soit, répondit Wilhelm, nous ne pouvons pas toujours éviter le blâme, empêcher que souvent nos actions, nos sentimens ne s'écartent singulièrement de leur
direction naturelle, mais il est certains devoirs que nous ne devons jamais oublier.
Que les cendres de notre amie reposent
doucement : sans nous agrir et sans la blâmer, jetons d'une main compatissante des
fleurs sur sa tombe. Mais sur la tombe même
où repose la malheureuse mère, je vous
demanderai pourquoi vous ne vous chargez
point de l'enfant. Depuis sa naissance vous
n'avez pas songé un seul moment à cette

charmante créature, dont la gentillesse vous
ravirait. »

« Et de qui parlez-vous ? répondit Lothario ; je ne vous comprends pas. »

— « Et de qui, si ce n'est de votre fils,
du fils d'Aurélie ? un bel enfant, au bonheur duquel rien ne manque que les soins
et la tendresse d'un père. »

— « Vous vous trompez, mon ami ; Aurélie n'avait pas de fils de moi, du moins,
je ne lui connais aucun enfant, autrement
je consentirais de bon cœur à prendre l'enfant, comme un legs de mon amie, à me
charger de son éducation. A-t-elle donc
fait entendre que cet enfant m'apparte-
nait ? »

— « Non pas que je sache ; elle n'en a jamais précisément parlé, mais tout le monde
le croyait, et je n'en ai jamais douté. »

« Je puis, moi, dit Jarno, vous expliquer ce mystère ; une vieille femme que
vous devez avoir vue souvent, apporta l'enfant à Aurélie qui l'accueillit avec empressement, espérant par sa présence adoucir
8.

ses douleurs, et en effet ce fut souvent pour
elle une agréable distraction. Ainsi, sans
plus de paroles, allez chercher les enfans,
le reste ira tout seul. »

« Je suis prêt, répondit Wilhelm : je suis
curieux, impatient de savoir la vérité sur
la naissance de cet enfant, et je brûle de
revoir la jeune fille qui s'est si fortement
unie à moi. »

On convint donc que Wilhelm partirait
dans quelques jours. La veille de son départ on se mit à table comme à l'ordinaire,
sans attendre Lothario qui vint assez tard,
et prit sa place au souper.

« Je gagerais, dit Jarno, que vous avez
encore mis votre cœur sensible à l'épreuve,
que vous n'avez pu résister au désir de revoir votre ancienne amante. »

« Deviné, dit Lothario. »

— « Allons, faites nous savoir comment
tout s'est passé, je suis très-curieux de l'apprendre. »

« Je l'avouerai, répondit Lothario, l'a-
venture de l'autre jour m'était restée sur le
cœur, et j'avais pris la résolution d'aller

encore à la ferme, pour voir en personne
celle dont l'image rajeûnie avâit produit
sur mes sens une illusion si délicieûse. Je
descendis à quelque distance de la ferme,
pour ne pas troubler les enfans qui jouaient
devant la porte. J'entrai dans la maison :
par un heureux hasard, elle venait à ma
rencontre : c'était elle-même, et je la re-
connus, quoique bien changée. Elle était devenue plus forte, et semblait plus grande :
sa grâce brillait encore sous son maintien
modeste, et son enjouement faisait place à
une gravité paisible. Sa tête qu'elle portait
jadis avec aisance et légèreté, était inclinée
sur son sein, et des rides naissantes sillo-
naient son front.

» Elle baissa les yeux en me voyant, mais
aucune rougeur n'annonçait que son ame
fut émue. Je lui tendis la main, elle me
donna la sienne, je lui demandai des nouvelles de son mari, il était absent; de ses enfans, elle s'avança sur le seuil de la porte,
et à sa voix tous ses enfans se groupèrent
autour d'elle. Rien n'est plus séduisant
qu'une mère avec un enfant sur les bras,

rien n'est plus respectable qu'une mère en-
tourée de beaucoup d'enfans. Je lui demandai leurs noms, pour dire quelque
chose, elle me pria d'entrer et d'attendre
son père. J'acceptai : elle me conduisit dans
la chambre où je retrouvai presque tous
les objets à la même place. O merveille !
la belle cousine, sa vivante image, était assise sur l'escabelle avec sa quenouille dans
l'attitude où j'avais si souvent vu mon
amante. Une petite fille qui ressemblait à
sa mère nous avait suivis, et je me trouvais
ainsi dans la plus singulière société, entre
le passé et l'avenir, comme dans un bosquet d'orangers, où l'on voit briller à la
fois les fleurs et les fruits. La cousine sortit
pour aller chercher quelques rafraîchisse-
mens, je présentai ma main à celle que
j'avais tant aimée, et lui disant : j'éprouve
bien de la joie à vous revoir. « Vous êtes bien
bon de me le dire, répondit-elle ; mais je
puis vous assurer que moi aussi, j'éprouve à
vous voir une joie inexprimable. Combien de fois j'ai souhaité votre présence à
des momens que je croyais les derniers de
ma vie ! Elle me disait ces mots d'une voix

assurée, sans émotion, avec ce naturel qui autrefois me transportait d'amour. Le cousin revint....... et je vous laisse à penser quels sentimens j'éprouvais près d'elle, et quelles émotions je rapportai. »

FIN DU TOME TROISIÈME.

Sous presse,

Pour paraître le 15 Novembre

TRADITIONS DU TEMS PASSÉ,

Collection de Romans allemands, traduits de
Veit-Weber par feu l'Abbé de l'Écluse.

PREMIÈRE LIVRAISON

ADOLF DE DASCHBURG,

2 vol. in-12, 5 f.

DEUXIÈME LIVRAISON

Pour paraître le 15 Décembre

SERMENS D'HOMME ET FIDÉLITÉ DE FEMME,

4 vol. in-12, 5 f.

www.ingramcontent.com/pod-product-compliance
Lightning Source LLC
Chambersburg PA
CBHW070403090426
42733CB00009B/1520